广西人口结构演变与
产业转型升级研究

韦春北　刘红宇　杨冬妮　赵西超　谢　涛　黄春婧◎著

西南财经大学出版社

中国·成都

图书在版编目(CIP)数据

广西人口结构演变与产业转型升级研究/韦春北等著.—成都:西南财经大学出版社,2023.4
ISBN 978-7-5504-5741-6

Ⅰ.①广…　Ⅱ.①韦…　Ⅲ.①人口构成—演变—关系—产业结构升级—研究—广西　Ⅳ.①F127.67

中国国家版本馆 CIP 数据核字(2023)第 066930 号

广西人口结构演变与产业转型升级研究
GUANGXI RENKOU JIEGOU YANBIAN YU CHANYE ZHUANXING SHENGJI YANJIU

韦春北　刘红宇　杨冬妮　赵西超　谢涛　黄春婧　著

责任编辑:李特军
责任校对:陈何真璐
封面设计:墨创文化
责任印制:朱曼丽

出版发行	西南财经大学出版社(四川省成都市光华村街55号)
网　　址	http://cbs.swufe.edu.cn
电子邮件	bookcj@swufe.edu.cn
邮政编码	610074
电　　话	028-87353785
照　　排	四川胜翔数码印务设计有限公司
印　　刷	四川五洲彩印有限责任公司
成品尺寸	170mm×240mm
印　　张	9.5
字　　数	161 千字
版　　次	2023 年 4 月第 1 版
印　　次	2023 年 4 月第 1 次印刷
书　　号	ISBN 978-7-5504-5741-6
定　　价	68.00 元

前言

宋代的叶适在《水心别集》中谈到，"为国之要，在于得民。民多则田垦而税增。"东汉的荀悦亦在《申鉴·时事》中提出，"民寡则用易足，土广则物易生。"民乃国之本。自古以来，人口因素深刻影响着一个国家的发展兴衰。人口兴旺则经济繁荣、国家兴盛；而人口过多也会超出资源环境的承载范围，制约经济发展。民之多少，关键在于一个"度"字，即"均衡"。实现人口均衡发展，对于产业转型升级，促进经济平稳、可持续发展的意义非凡。故而，探索何为人口均衡，如何均衡，一直是社会科学领域的热点问题，为广大学者所关注。

近年来，我国学者对人口理论的不断实践探索，逐渐形成了人口均衡相关的指导思想。从计划生育到"三孩政策"的落地，我国的人口政策也随着形势的变化与时俱进。当前，我国人口形势主要从人口数量红利向人口质量红利转变，"刘易斯拐点"的到来给我国的人口均衡、产业发展提出了新的挑战。坚持可持续发展理念，保持人口规模稳定，提高人口素质，实现人口长期均衡，是当下应对新时代发展挑战的重要任务，对于有效促进产业转型升级十分关键。

广西自然资源丰富，地处边境，面向东盟，具有良好的区位优势。然而，目前广西面临人口老龄化加剧、人口净流出规模扩大等人口困境，人口红利式微逐步导致广西产业转型升级后发力不足。研究人口均衡发展和产业转型升级之间的关系，对于把握广西人口发展新机遇、完成"三大定位"新使命的意义重大。本书采用理论分析结合实证研究的方法，探索广西人口均衡发展与产业转型升级之间的关系，分析产业转型升级对劳动力需求的影响机理，提出了一系列促进广西产业转型升级的人口发展支撑策略，为协调做好广西产业规划和人口规划提供科学的政策导向建议。本书的立意如下：一是为广西的人口支撑产业发展政策制定提供理论参考和建议；二是使读者们认识到人口均衡发展的重要性，鼓励广大人民群众积极响应国家人口政策，为人口均衡、产业经济发展贡献绵薄之力。

本书共分为6章。第1章主要是文献综述，通过总结、分析国内外学者对于人口均衡发展和产业转型升级的相关理论研究，探索两者之间的作用机制，参考借鉴前沿的研究思路，为构建人口支撑产业发展体系、将广义的人口及产业相关理论应用于广西人口均衡发展与产业转型升级提供理论依据。第2章进一步构建了人口支撑产业发展体系，主要围绕人口与经济、社会、资源环境的协调发展的问题展开论述。第3章、第4章则具体分析了广西的人口均衡发展与产业转型升级问题，通过分析广西的人口内外部均衡现状和产业转型升级现状，开展实证研究。第5章、第6章则根据前文分析结果，结合中央政策指导方向、广西人口及产业发展战略规划，提出研究出台"稳定广西人口存量，拓宽渠道，提升增量"系列政策、"绿水青山经济带"等重大政策及产业配套清单、优化广西职业教育发展政策、推进农村精准脱贫与乡村振兴有效衔接等一系列政策建议。

本书由韦春北负责统筹策划，刘红宇负责框架设计及第2、第5、第6章撰写，赵西超负责第3章撰写，杨冬妮负责第4章撰写，谢涛负责第1章撰写，杨冬妮、黄春婧负责文字调整和审校。

本书若有不足之处，还请广大读者批评指正，不胜感激。

编者

2022 年 4 月

目录

1 产业与人口协调发展理论研究

人口问题和产业结构优化升级一直是社会科学领域的热点研究问题。目前，我国仍处在经济转型和社会发展的关键时期。党的十九大报告明确指出，我国经济已由高速增长阶段转向高质量发展阶段。习近平总书记强调，经济高质量发展要把重点放到推动产业结构转型升级上，因为产业结构优化升级是我国经济高质量发展的关键举措。

人口尤其是劳动人口作为重要的生产要素，在产业结构升级中发挥的作用不容小觑。党的十九大报告中也多处提及劳动力教育等一系列问题。一方面，转变经济发展方式需要依赖劳动者素质提高和人力资本创新；另一方面，产业结构转型升级需要大量的高素质技能型人才。当前，我国处于人口红利时期。我国存在的问题是劳动力需求不足使得劳动力差异并不明显，劳动力同质化现象严重，但是随着目前民工荒现象、人口红利式微以及劳动力成本上升等问题的频繁出现，劳动力（人力资本）异质性问题逐渐凸显。因此，人口对产业结构升级的调整方向和强度的影响，是产业结构转型和劳动力异质性研究的关键。

1.1 产业转型升级内涵

（1）产业转型的概念。产业转型一般是指一个国家或地区的国民经济主要构成中，产业结构、产业规模、产业组织和产业技术装备等发生显著变动的状态或过程，是一个综合性的动态过程，包括产业在结构、组织和技术等多个方面的转型。其中，产业结构转型是产业转型中最核心、最重要的组成部分。

"产业结构"一词是 20 世纪 50 年代日本经济学家筱原三代平在讨论经济发展战略时用于表述产业间关系所提出的。他在《产业结构与投资分配》一文中提出，产业结构就是一个国家所有产业的净产值或投入的资本等经济指标在各产业的分布状况或比例关系。在我国，产业结构定义为产业间的关系，指在社会再生产过程中，国民经济各产业间的生产技术经济联系与数量比例关系。我国产业结构的定义包含两层含义：一是每个产业的生产活动都与其他产业之间存在各种经济技术联系，彼此相互影响；二是产业间存在一定的数量比例关系①。产业结构转型一般指资源占比从第一产业向第二、第三产业占优势比重演进，当外部环境发生变化，产业内部的资源配置情况等内部结构不再适应外部环境的时候，必须形成新的产业结构，以满足产业长远发展的需要。产业结构的转型往往伴随产业规模、组织、技术等的变化；同时，产业规模、组织、技术等的变化也会影响产业结构的转型。

（2）产业结构升级的概念。产业结构升级则主要指产业从劳动密集型产业向资本、技术、知识密集型产业的升级，以及技术密集型产业从低技术产业向中、高技术产业的转型。根据产业结构转型升级一般规律的研究，可以发现伴随人均收入或人均国民生产总值的增长，第一产业产出比重逐渐下降，第二产业产出比重逐渐上升，当人均收入提高到一定水平之后，第三产业开始取代第二产业，其产出比重上升较快。

（3）产业结构升级与产业结构转型的关系。产业结构升级是产业结构转型的重要方向和目的。学术界达成的共识是，产业结构升级必然是产业结构转型的结果，但产业结构转型不一定必然带来产业结构升级。产业结构升级强调在加工工业中初级产品向中间产品、最终产品的制造方向倾斜，从低附加值转向高附加值升级，从高能耗、高污染转向低能耗与低污染升级，从粗放型转向集约型升级，是产业结构的高级化。刘勇（2018）认为，产业转型是一个产业发展变化的过程，在这个过程中，技术、市场、管理、商业模式、企业形态、产业关联等多维创新实践以特定的形式出现。从狭义上讲，产业结构优化升级的实质就是产业转型。

---

① 张广柱.居民消费结构变动对产业结构转型影响的实证研究 [D].沈阳：辽宁大学，2018.

（4）产业结构升级优化与经济发展的关系。产业结构升级优化与经济发展密不可分，对一个国家的生产发展至关重要。当前，我国经济正迈向新发展阶段，产业结构的优化升级是其中重要的一环。刘绮莉、赵晋平等（2021）使用非参数法和参数法对我国产业结构转型升级与经济高质量发展之间的关联度进行了测算，测算结果均表明，我国产业结构转型升级与经济高质量发展之间存在显著的正向关系，与产业结构合理化相比，产业结构高度化与经济高质量发展的关联度更高①。苏斌、丁文婷（2021）选择 2007—2019 年我国 31 个省（自治区、直辖市）的面板数据，采用主成分分析法、DEA-Malmquist 指数法计算核心变量，并以柯布-道格拉斯生产函数为基础，构建衡量经济高质量发展水平的指标体系，实证分析产业结构升级对经济高质量发展的影响，研究结果表明，在其他条件不变的条件下，产业结构升级能够正向促进经济高质量发展②。贺文慧、朱琪琪（2018）根据 1978—2015 年浙江、江苏两省的宏观统计数据，运用 VAR 模型进行了实证分析，研究结果表明，产业结构升级尤其是第三产业增加值的增长可以有效促进经济发展，同时也会在一定程度上推动税收增长，税收增长是经济发展的一个重要表现③。

（5）实现产业结构升级的途径。要使一国或地区在经济发展中实现产业结构升级，需要在产业转型中增加技术含量和提高创新能力。邓小平同志曾提出"科学技术是第一生产力"的著名论断，创新是引领发展的第一动力，所以产业结构升级离不开技术创新。陈福中、陈诚（2015）认为，技术进步和产业结构演进之间存在明显的相互影响，技术水平的差距和技术变化的不平衡会加剧产业结构失衡。而要想提高一国或地区的技术水平，推动产业变革，亦离不开人才和人力资源市场的完善。袁晖光、范思凯（2021）认为，人力资本微观供给增加能够提高科技创新发生概率，宏观供给增加能够提高科技创新能力，结构优化能够为科技创新提供持续动力④。周羽中、王黎明（2020）基

① 刘绮莉，赵晋平，金子祺. 产业结构转型与经济高质量发展的关联度测算 [J]. 统计与决策，2021（23）：86-90.

② 苏斌，丁文婷. 产业结构升级对经济高质量发展的影响研究 [J]. 山东工商学院学报，2021（6）：34-42.

③ 贺文慧，朱琪琪. 产业结构升级、经济发展与税收增长：基于浙江、江苏两省 VAR 模型的实证分析 [J]. 公共财政研究，2018（2）：52-63.

④ 袁晖光，范思凯. 人力资本驱动科技创新的动力机制研究 [J]. 山东社会科学，2021（6）：127-132.

于我国 2007—2017 年的省级面板数据，实证检验了创新人才集聚、产业结构升级与经济增长之间的关系，研究结果表明，创新人才集聚和产业结构升级依然对经济增长起着显著的作用，创新人才集聚能够带来创新效应和高素质人力资本，促进产业结构转型升级，从而带动经济增长①。所以，人力资源驱动科技创新，科技创新引领产业结构升级，三者之间相互联系、密不可分。

1.1.1 国外产业结构转型研究

国外对产业结构转型的研究主要集中在经济学领域，主要理论有经济增长理论、发展经济学和制度经济学。

1.1.1.1 经济增长理论中的产业转型理论

主要从构成 GDP 增长的投资、消费和净出口方面展开讨论，用宏观经济学的生产函数来展开研究，分别形成了以哈罗德-多马模型（1948）和索洛-斯旺模型（1956）为代表的投资需求驱动的新古典经济增长理论，理论强调资本积累对经济增长的作用。美国著名经济学家索洛是新古典经济增长理论的代表人物，因研究产生经济增长与福利增加的因素方面的贡献被授予诺贝尔经济学奖。新古典经济学理论认为，增长率在经济发展初期应保持较高水平，而后逐渐降低至平稳。亚洲的经济增长数据却给出了不同的景象：经济增长在发展初期较为缓慢，经过一段低迷时期后，接着便进入飞速增长阶段，在经历了一段时间的高速发展后，增长速度逐渐减缓至平稳②。李卫华（2011）认为，在技术不变的条件下，资本和劳动的比例只能是固定的，边际产量递减规律并不适用③。所以，新古典经济增长理论存在一定的局限性，单纯强调资本累积而忽略技术进步、知识积累等因素。而以罗默（1986）、卢卡斯（1988）为代表的新经济增长理论，则强调知识积累在经济增长中的关键作用，把人力资本、内生的技术进步引入生产函数，其主要侧重点是知识累积，而不仅仅是单纯的资本积累。前者对优先发展重化工业的早期工业化产业转型具有解释力；

---

① 周羽中，王黎明. 创新人才集聚、产业结构升级与经济增长 [J]. 山东商业职业技术学院学报，2020（2）：6-11.

② 姚斌. 最低生存成本在经济发展初期的阻碍作用：针对新古典主义经济增长模型在低收入国家中适用性的调整 [J]. 辽宁大学学报（哲学社会科学版），2019（2）：53-66.

③ 李卫华. 经济增长理论的拨乱反正：针对新古典经济增长理论 [J]. 科学经济社会，2011（4）：34-39.

后者则对知识经济和全球化时代背景下一国通过技术和人力资本迅速提高，获得边干边学和知识外溢效应，实现产业转型升级具有更好的解释力。

近年来，国外对经济增长和产业转型的研究呈现出不同思路：克拉克（Clark，2007）把基因—文化看成决定人类贫富的关键因素，他认为政治制度的变革并不能够改变人类命运。盖勒（Oded Galor，2007）认为，对经济转型起决定性作用的是加速的技术进步率和人口增长率、加速的人力资本积累率和减速的人口增长率。阿西莫格鲁（Daron Acemoglu，2007）认为，鼓励研发适宜于南方劳动力特征的技术并增加南方技能型劳动供给或许可以有效缩小南北方产出差距（王爱君，2011）。

1.1.1.2 发展经济学中的产业转型理论

（1）发展经济学对产业结构转型的解释。发展经济学中的产业转型理论主要是以发展中国家为研究对象，研究一国经济现代化的演进过程。从产业结构转型升级的角度看，经济增长的结构主义观点可看作经济发展理论的代表。当代经济发展理论结构主义学派的思想渊源最早可以追溯到德国历史学派先驱李斯特提出的以工业进步为中心的经济发展阶段论，以及以国家干预经济为核心的贸易保护理论，他的思想对后发国家发展经济、实现产业递进的实践具有较广泛的指导意义。英国经济学家威廉·配第（1899）则提出，由于产业结构的不同会形成不同的经济发展阶段，工业比农业、服务业比工业具有更高的附加价值，工业产出大于农业产出，而商业产出又大于工业产出，不同产业之间的产出差异，导致了劳动力在产业间转移。后来英国经济学家克拉克（1940）提出了经济发展阶段学说，他认为劳动力将会先从第一产业转移到第二产业，使得劳动者的收入得到提高后，再从第二产业转移到第三产业，劳动力在第一、第二、第三产业的移动具有一定的规律性，这一学说进一步印证了配第的发现。综合两人的结论来看，他们均把劳动力在产业结构之间的转移看作产业结构变迁的外在体现，而劳动力的人均收入提高则是由于劳动生产率提高，进而引发了产业结构变迁。后人将两人的发现结合起来称为"配第-克拉克"定理。

（2）发展中国家的产业结构转型升级问题。"二战"后，以发展中国家的经济发展为研究对象的经济发展理论不断成熟，其中结构主义学派对产业结构转型升级问题的观点尤其值得关注，其中主要代表思想有刘易斯的二元结构理论（1954）、库兹涅茨的人均收入影响论（1971）、钱纳里标准产业结构理论（1975）、赫希曼的非平衡增长理论（1970）等。二元结构理论由英国经济学家、诺贝尔经济学奖得主刘易斯提出，是指发展中国家存在由传统的、自给自足的农业经济体系和城市现代工业体系两种不一样的经济体系，而这两种体系构成了二元经济结构。二元经济结构在产业转型理论中应用广泛，对流动人口收入差距、人口红利等现象都有很好的理论解释，后面的论述中会对此有更详细的分析。人均收入影响论由美国经济学家、诺贝尔经济学奖得主库兹涅茨提出。库兹涅茨通过研究总产值变动与就业人口变动之间的规律以及产业结构变动的方向，得到了劳动力分布结构的变化动因是各层次产业之间的相对收入差异的结论，人均收入影响论也进一步验证了配第-克拉克定理。钱纳里标准产业结构理论包括收入水平、资源禀赋、人口规模、发展目标、政府政策及国际环境等，并强调了产业结构调整、就业结构转换的重要作用。赫希曼的非平衡增长理论认为，由于发展中国家的资源稀缺等现有缺陷，要实现平衡增长并不实际，所以要有针对性地选择投资的产业部门，实现有效的资源配置。

（3）技术进步对产业转型升级的影响。熊彼得的创新驱动理论（1934）和经济周期理论（1939）为技术进步促进产业转型升级的观念达成共识奠定了基础。熊彼得在其出版的德文版《经济发展理论》一书中，将创新定义为生产函数的重新建立或生产要素之新的组合。创新驱动理论认为，所谓经济发展是指整个资本主义社会不断地实现这种"新组合"，或者说资本主义经济发展就是这种不断创新的结果，而这种"新组合"的目的是获得潜在的利润，即最大限度地获取超额利润。"创新理论"的最大特色，就是强调生产技术的革新和生产方法的变革在经济发展过程中的至高无上的作用。熊彼得认为，创新是对企业内外的资源进行重新组合的过程，是通过不断挖掘企业未利用的资源，将这些资源进行重新组合，发明一种新的产品或者新的生产工艺、流程等，使得企业的生产率提高①。而熊彼得的经济周期理论则认为，分析经济周期可以分为纯模式或二阶段模式分析和四阶段模式分析两个步骤，前者是排除了外来因素干扰的纯理论分析，后者则是以现实资本主义经济生活为基础。在四阶段模式分析中，熊彼得把现实资本主义经济运行分为繁荣、衰退、萧条和

---

① 张瑞林，李林. 熊彼得创新理论与企业家精神培育［J］. 中国工业评论, 2015（11）：94-98.

复苏四个阶段，经济周期的核心原因是创新，创新的出现引致繁荣。自 20 世纪 60 年代后，涌现了大量关于 R&D 促进生产率提高的实证研究文献（Minasian，1962，1969；Griliches，1964；Mansfield，1965）。R&D 是"research and development"的缩写，是研发投入的意思。一国的经济发展与技术创新、研发的投入密不可分，许多研究都发现 R&D 对生产率有显著的正向影响，格瑞利奇斯（Griliches，1998）、韦克林（Wakelin，2001）等将 R&D 的研究对象聚焦具体经济产业和经济体等，如英国制造业、经济合作与发展组织（OECD）成员，并测算出了不同行业的 R&D 产出弹性，从实证方面证明了产业升级的驱动来源之一就是研发投入。

（4）发展经济学中的产业转型理论在亚洲的应用。20 世纪 50 年代，日本为实现赶超战略梦想，筱原三代平（1957）首次对产业结构如何优化升级进行研究，明确提出了两个基准条件，即收入弹性基准和生产率上升率基准。此理论以非均衡发展理论作为经济增长的理论基础，为 20 世纪 60 年代日本政府制定产业结构规划提供了重要的理论依据。20 世纪 70 年代日本经济高速增长证明了产业结构的带动作用。

1.1.1.3 制度经济学中的产业转型理论

制度经济学理论本身并没有对产业结构转型升级问题展开专门研究，但在制度经济学对经济发展规律解释的理论中体现了推动产业结构转型升级的重要核心概念，其中包括：一是早期制度经济学的社会价值理论（康芒斯，1934），二是后制度经济学的公共目标、公共政策理论（加尔布雷斯，1973），三是新制度经济学的产权分析和交易费用理论（科斯，1937）。

此外，国际经验表明，产业结构升级从主导因素看主要有三类：制度变迁诱导型、技术创新演进型和成本推动型。汉弗莱（2002）从产品内国际分工视角，提出了四种产业结构升级路径：流程升级、产品升级、功能升级和链条升级。阿扎德干等（2011）通过对 353 家制造企业的调研，发现了开发性创新和探索性创新在企业技术升级中的不同作用。李（2012）通过 1996—2008 年对中国与欧洲（主要是德、英、法）商品贸易地理和产品结构的 RCA 指数比较分析了双边贸易的互补性和竞争性，得出尽管中国目前仍然在劳动密集型产品上具有竞争优势，但在商品贸易结构上已经逐步从纺织品出口转向了机械制造品出口，并在商品名称及编码协调制度四位数级商品目录下转向中欧间的产业内贸易的结论。

1.1.2　国内产业结构转型研究

我国对产业结构转移问题的研究始于 20 世纪 90 年代中后期，研究主要集中在产业转移的动因、模式、效应以及产业转移梯度理论等方面。国内产业结构转移主要有两个动力因素：一是产业结构不得不发生改变的内在驱动力，产业结构转型的一般演化规律是外在表现，而外在的变化必然离不开内在动因的驱动；二是影响产业结构转型的外在因素，明确影响产业结构转型的相关因素是确定相关政策在众多影响产业结构转型因素中作用的关键。关于影响产业结构转型的因素，主要可以分为资源配置、消费需求、投资需求、国际贸易、货币政策、环境规制、货币政策和技术创新等。

1.1.2.1　资源配置与产业结构的关系

（1）资源配置的本质。资源配置的本质在于提高资源利用效率，缓解要素扭曲和降低市场失灵，以最小投入产生最大收益，并产生最大的社会福利[①]。西方经济学理论揭示，在完全竞争市场条件下信息是对称的，不存在市场扭曲，资源自由流动，企业产品价格等于边际成本，此时资源实现了最优配置[②]。西方经济学从表层的、具体的社会现象出发，用资源的稀缺性来解释资源配置，而马克思主义资源配置理论则强调市场和计划都是资源配置的手段。马克思在《资本论》中揭示了资源配置的三种基本方式：一是封闭型的直接配置资源方式，二是市场，三是计划，并且提出资源配置方式从属于生产方式，市场决定资源配置的过程[③]。

（2）资源配置与产业结构的关系。关于资源配置与产业结构的关系，一些学者认为，资源配置对产业结构调整具有显著效果。结构红利假说强调了资源配置及其带来的产业结构变迁对经济增长的重要性。林毅夫（1994）认为，中国改革开放以前采用的是赶超战略，重点发展重化工业，抑制农业和轻工业

---

① 李慧泉，简兆权. 数字经济发展对技术企业的资源配置效应研究 [J]. 科学学研究，2022：1-17.

② 于世海，许慧欣，孔令乾. 数字经济水平对中国制造业资源配置效率的影响研究 [J]. 财贸研究，2022：1-22.

③ 萧新桥. 基于马克思主义资源配置理论的制造强国路径研究 [J]. 中国经贸导刊（中），2019（3）：34-37.

发展，导致重工业缺乏足够的需求市场，中国经济发展严重受阻，人民生活水平提高缓慢。而改革开放后中国充分发挥劳动力丰富的优势，优先发展劳动密集型产业，实现了经济的长期发展。张军、陈诗一（2009）构建随机前沿生产模型，分析我国工业内部38个行业资源配置对产业结构的影响，实证结果表明，我国工业内部各行业产值的增长和生产率的提高使得资源在工业各个行业间进行了重新配置，并且这种资源配置所带来的结构效应是存在的。张翼、何有良（2010）使用偏离-份额分析模型，对我国改革开放后金融危机前工业和服务业部门内各行业数据进行了分析，研究发现，随着我国经济的增长，资源在我国工业部门和服务业部门中均进行了重新配置，这种资源的流动和重新配置无论是对产业结构转型升级还是对经济增长均起到了积极的促进作用。姜辉、周倚乐等（2020）分析了金融资源配置影响产业结构优化的内在机制，阐释了两种配置模式的作用路径和影响差异，他们认为供给侧结构性改革的提出对于优化金融资源的整合与配置，发挥金融引导产业转型发展、推动产业结构优化和经济高质量发展的作用显得尤为重要①。周勇、张婷琳（2022）认为，产业结构的转型升级通过促使各类要素资源的最大化利用，优化要素分配结构，推动不同地区资源要素的边际产出，提高资源配置效率。伴随产业结构的转型升级，企业也会存在跨行业转移和跨区域转移的现象，而企业的跨区域和跨行业转移又会带动资源的再配置效应②。

（3）资源配置对产业结构调整的效果具有阶段性的特征。部分学者认为，资源配置对产业结构调整的效果并非一成不变、非此即彼的，而是具有一定的阶段性特征，基于不同的条件、所处阶段产生不一样的效果。例如，刘伟、张辉（2008）使用我国改革开放以来的数据分析产业结构调整对生产效率提高的贡献程度，实证分析表明，资源配置效率不同导致了产业结构的调整对生产效率的贡献影响程度是先上升后下降的，而在我国改革开放的进程中，体制的因素降低了资源配置效率，导致由于产业结构调整引起的技术进步对全要素生产率的影响逐渐变小。干春晖、郑若谷（2009）使用偏离-份额分析法对我国

① 姜辉，周倚乐，龙海明.金融资源配置对产业结构优化的影响研究［J］.金融经济，2020（10）：9-19.

② 周勇，张婷琳.数字经济对中国省域资源配置效率的影响［J］.经营与管理，2022（2）：152-159.

改革开放后金融危机前这段时间资源重新配置对产业结构和经济增长的影响程度进行了实证分析，分析结果表明，资源在产业间的流动、重新配置对于产业结构的影响效果具有明显的阶段性特征，而且资本要素在产业间的流动和重新配置对经济增速有"结构负利"的作用。姚战琪（2009）使用数据包络分析法和随机前沿生产函数法对改革开放以来金融危机之前这一阶段我国工业行业间资源配置和生产率增长进行测算，得出资源配置及结构变迁对生产率增长的作用为负。宋凌云（2012）指出，市场是产业结构调整的根本决定力量，政府在产业结构升级中的引导作用必须建立在承认市场配置资源的基础性作用之上①。

（4）资源配置的扭曲或不当会对产业结构升级产生阻碍。孙雪梅、腾达（2021）以2007—2016年我国省际面板数据为研究样本，运用面板数据模型分析并得出基本回归结果，研究资源配置扭曲与产业结构升级之间的关系，并在此基础上进行地区异质性分析。研究有以下两点发现：一是资源配置扭曲程度越高，对产业结构升级的阻力越大；二是资源配置扭曲对产业结构升级的抑制作用具有显著的地区异质性，中西部地区资源配置扭曲程度较东部地区更为严重②。高辰颖（2018）认为，我国转型阶段中出现的结构性问题，如产业结构失衡、收入分配差距过大、内需不足、市场竞争结构失衡等，实质原因是资源错配在经济各个层面的存在，且资源错配的形成不仅与市场资源配置作用的缺位有关，也与经济制度及经济政策的调控和干预有关。楼东伟（2013）将资源错配指数分解成产业内绝对错配指数、要素的自价格错配指数和产业间相对错配指数，并进行分产业、分地区和分所有制行业的测算与分析后发现，三次产业资源错配指数与我国的经济结构变动周期具有同涨同落的变动趋势，这表明资源配置状态的变化与经济结构改变有相当强的相关性③。

（5）不同地域视角下的资源配置与产业结构。也有学者区分不同地域来考虑，认为亚洲地区产业结构调整动力主要有四个：一是市场经济体制的推行，二是技术的创新，三是各种战略（出口导向型发展战略、工业化战略）

---

① 高辰颖.资源错配与产业结构变迁 [D].北京：首都经济贸易大学，2018.

② 孙雪梅，腾达.资源配置扭曲对区域产业结构升级的实证研究 [J].当代经济，2021（3）：14-16.

③ 楼东伟.资源错配与产业结构失衡的经济影响效应研究 [D].杭州：浙江大学，2013.

的实施，四是政府有意识的介入。欧洲产业结构转型的动力则为高资本积累、研发创新、工业活动的组织、高科技专业化及创新①。

1.1.2.2 消费需求与产业结构的关系

（1）消费需求的定义。消费需求是指消费者在一定时期内，在各种可能的价格水平下，愿意并且能够购买的某种商品的数量。消费品包括商品或劳务、服务等形式。需求应满足两个条件：一是有购买的欲望，二是有购买的能力。

（2）消费需求与产业结构的关系。关于消费需求与产业结构的关系，国内学者的观点较为统一，普遍认为消费需求是影响产业结构调整的重要因素之一，消费需求的不合理将会导致产业结构的失衡。随着产业结构转型，服务业的作用更加凸显，而服务业强调差异化，重视用户体验，其发展依赖市场需求。张中华（2000）通过研究分析发现，改革开放以来，我国产业结构失衡的主要原因是需求结构的不合理，并指出，在市场经济环境下，居民需求结构对产业结构调整升级起到了决定性的作用。乔为国、周卫峰（2004）通过实证分析证实了张中华（2000）的观点，同时发现居民需求结构随着经济发展的不同阶段呈现出层次特性，而这种特性决定了各产业优先发展的次序。沈利生（2011）使用投入产出模型分析了居民消费需求结构与产业结构之间的关系，实证研究结果表明，消费需求是导致产业结构调整转型的直接原因，居民消费需求的变动会形成新的消费需求结构，影响企业生产行为，进而引发产业结构做出相应的调整。徐春华（2014）通过研究同样也发现消费需求是引发产业结构调整升级的重要诱因。贾晓峰（2015）使用投入产出分析方法，对江苏省的数据进行分析，分析结果显示，江苏省的消费需求与产业结构调整之间存在互相促进的关系，即消费需求的改变促进产业结构调整。而江苏省产业结构调整升级同样对居民的消费需求结构产生重要的影响，最终贾晓峰提出江苏省应该以消费需求来推动产业结构调整、升级，进而实现江苏省经济发展的目标。陈康和李连水（2017）认为，产业转型涉及不同产业部门的整合重组，要创造新的业态和增长点。刘尚希等（2018）认为，产业转型也就是需求与供应之间不断优化的过程，所以产业转型与供需关系息息相关。鱼鸿杰

---

① 马艳华，魏辅轶. 产业结构调整理论研究综述［J］. 山西财经大学学报，2011（S3）：89-90.

（2014）从流动性约束、人口老龄化、社会保障制度和地区经济结构四个角度的消费影响因素，以东、中、西地区为截面数据，分析了地区间消费差异的影响因素和消费行为差异对经济的影响①。邓于君、李美云（2014）认为，加快经济结构战略性调整需要立足产业结构软化升级与消费需求软化两个方面，中国服务业比重提高，已由投资主导促动型转变为服务消费主导促动型，即现阶段，消费需求软化成为促动中国产业结构软化的首要因素②。

（3）消费需求对产业结构的意义。当前，在供给侧结构性改革的背景下，我国面临新产业、新技术和新消费的挑战，消费需求作为供需关系中的重要组成部分，对产业结构转型升级的意义非凡，消费需求与产业结构之间的关系、特征以及规律都对优化产业结构、补齐供给侧短板具有重要的理论指导意义。

1.1.2.3 投资需求与产业结构的关系

（1）投资需求的定义。投资需求是指一定时期内全社会形成的固定资产投资和存货增加额之和③。投资需求作为三大需求之一，是社会总需求的重要构成部分，对产业结构发挥着重要的影响。而投资战略作为企业财务战略中的一环，影响着企业战略行为，从而影响产业结构。

（2）投资需求与产业结构的关系。国内学者的主流观点普遍认为投资需求的变动是产业结构变动调整的因素之一，但是不同地区由于不同的经济发展水平，投资需求对产业结构调整的效果不尽相同。吴业强（2021）认为，投资的过程是社会资本形成的过程，投资在国民经济间的比例分配不仅形成了不同类型的投资结构，也在很大程度上推动了不同类型经济结构的产生。TVAR模型的估计结果显示，经济质量处于"合理区间"时，经济质量的向下调整倾向与经济周期的"减速器效应"会对冲投资产业结构的"加速器效应"，且经济增长与经济周期间的负反馈循环会进一步抑制经济质量的提升④。卢平（2009）分析了对外直接投资对本国产业的影响，分析从宏观、中观、微观三个角度展开。卢平认为，对外直接投资对本国三次产业、三次产业内部以及企

① 鱼鸿杰. 中国居民消费行为空间差异影响因素的实证研究［D］. 上海：上海社会科学院，2014.

② 邓于君，李美云. 中国消费需求软化促动产业结构软化的实证分析［J］. 华南师范大学学报（社会科学版），2014（3）：90-95.

③ MBA 智库. 投资需求. ［EB/OL］. ［2022-04-16］. https://wiki.mbalib.com/wiki/.

④ 吴业强. 中国投资结构与经济发展的关系研究［D］. 长春：吉林大学，2021.

业内部都存在一定的影响，但是这种影响是不是积极的、有效的，主要取决于对外直接投资的科学性和合理性，即科学、合理的对外直接投资将会有效地促进产业结构调整、转型升级，进而实现经济发展的目标，而盲目、无序的对外直接投资将会阻碍产业结构转型升级。李逢春（2012）使用面板数据对我国对外直接投资与产业结构调整之间的关系进行了实证分析，研究结果表明，对外直接投资的数量和质量关系产业结构转型升级的效果，即对外直接投资的数量越多、质量越好，推动产业结构调整转型升级的效果就越明显。但是，如果对外直接投资的水平较低，则不仅不会有效地促进产业结构的调整升级，还有可能会对其产生反作用的效果。潘颖、刘辉煌（2012）运用协整理论对对外直接投资与产业结构调整的关系进行了实证分析，分析结果表明，从短期来看，对外直接投资对产业结构调整、优化升级的影响效果并不明显；从长期来看，对外直接投资对产业结构调整优化升级起着积极的促进作用，而且这种促进作用的效果十分明显。霍析（2014）使用行业面板数据模型，以我国农副业、采矿业、制造业、租赁和商务服务业、计算机软件服务业、技术服务业六个行业为研究对象进行分析，分析结果表明，所研究的六个行业的对外直接投资对产业结构调整优化升级的促进作用十分显著。但是，姜甘伟（2013）通过研究发现，对外直接投资对我国产业结构升级的影响效应并不明显。

（3）不同地域视角下的投资需求与产业结构。王浅琪、阐大学（2013）对我国东部、中部、西部地区对外直接投资与产业结构升级效应分别进行了分析，结果表明，不同的地区，由于经济发展水平、资源禀赋、生活偏好等因素的不同，对外直接投资对产业结构升级的效应也不同。对于东部地区而言，对外直接投资对产业结构调整升级起到了积极的促进作用；对于中部地区和西部地区而言，其效果并不明显。杨仙丽（2013）采用实证分析法就浙江省对外直接投资对产业结构调整升级的影响进行了分析，实证结论与王浅琪、阐大学（2013）一致，长期影响效果显著，但短期影响效果并不显著。刘庆华（2013）在其对东莞市产业转型升级的财政政策研究分析中指出，产业结构的变动实际是受产业需求结构变化的影响的，决定产业结构变动最终结果的是中间需求和最终需求的比例。

1.1.2.4　国际贸易与产业结构的关系

（1）国际贸易理论的内涵。国际贸易理论初期研究集中在国际商品流通、生产分工等方面，新贸易理论则是在古典贸易理论的基础上衍生而来的，新国际贸易理论对保证对外贸易更加稳健发展，推动国内经济快速增长起到重要作用①。

（2）国际贸易对产业结构的影响。国内学者虽然认可国际贸易水平和趋势对于产业结构调整具有一定的影响，但是其影响效果是正向的还是负向的并未有一个统一的结论，既有互相促进作用，又有互相制约作用。中国于2001年12月加入了世界贸易组织（WTO），外商直接投资（FDI）对中国经济发展的作用日益增强。吴进红（2006）认为，对外贸易能够促进产业结构升级，一个国家根据自己要素禀赋的优势生产自己的优势产品，能够促进经济发展，推动产业结构升级。张淑玲（2007）认为，FDI具有技术溢出效应，通过外商直接投资能够引进先进生产技术和打开国外市场，促进国内产业结构转型升级。李磊（2000）采用实证分析法对我国1985—1998年的数据进行分析，分析结果表明，国际贸易对产业结构升级是有一定影响的，但是不同行业的影响不同。对于劳动密集型行业而言，国际贸易与其产业结构调整升级呈负相关关系；对于资本密集型行业而言，国际贸易与其产业结构调整升级呈正相关关系。李荣林、姜茜（2010）同样使用实证分析法论证了我国国际贸易与产业结构调整升级之间的关系，分析结果表明，国际贸易与产业结构升级存在很高的相关性，而且是一种长期的影响。黄庆波、范厚明（2010）重点分析了印度、新加坡、韩国、中国等地区国际贸易与产业结构调整升级之间的关系，通过研究发现，国际贸易与产业结构之间既相互促进又相互制约。马颖等（2012）使用VAR模型检验国际贸易、劳动密集型产业结构与经济增长三者之间的关系，通过模型分析发现，贸易开放虽然能够促进经济增长，但阻碍了劳动密集型产业的发展。雷文妮（2015）使用跨国数据研究了贸易保护与产业结构之间的关系，研究发现，在贸易保护作用下，第二产业占国内生产总值的比重将会上升，但是第三产业占国内生产总值的比重将会下降，而且这种现象在发展中国家表现得更为明显。文东伟等（2009）对我国1980—2007年产业结构、贸易结构和出口竞争力变动趋势进行了分析，认为三者呈现高度一致性，且FDI推动了我国的产业结构从劳动密集型行业向资本密集型和技术密集

---

① 郭鑫. 大数据时代国际贸易理论新发展研究 [J]. 上海商业，2021 (12): 62-63.

型行业升级，除 FDI 外，技术进步和劳动力成本对中国出口竞争力的影响也非常明显。张少军等（2009）从商务成本和学习曲线的视角，对全球价值链模式的产业转移进行了重新解读，提出中国应立足在位优势和大国优势构建国内价值链，摆脱低端锁定和区域发展失衡双重困境。胡耀华（2008）通过实证研究，借助产业结构变动率来对我国的产业结构演进进行测度，然后在动态供求因素模型中从供给和需求方面分别选取科技进步与投资需求变动两个要素，采用最小二乘法和 Granger 因果关系检验法对科技、投资和产业结构演进的关系，以及对对外贸易、科技和投资的关系进行分析，研究结果表明，对外贸易通过促进科技进步和引发投资需求推动了我国产业结构演进[①]。从商务成本角度研究产业结构升级的还有吴炎太（2008）、陈建军（2010）、郭淳凡（2010）等。近年来，国内学者关于产业结构升级研究的成果比较丰富，但主要是基于国外的一些理论对中国的产业问题进行实证研究。

（3）经济全球化背景下的国际贸易与产业结构。伴随全球产业链的形成，传统意义上以商品为基础的国际分工格局被打破，国际分工发展到了产品内分工，全球产业链的形成使得更多不同经济发展水平的国家、企业、机构都加入经济全球化的进程中，这种国际分工不断升级的演态态势一方面促进了全球生产效率的进一步提高，另一方面也可能使某些经济落后的国家在全球价值链生产中被锁定在某些低端的专业化生产中而无法实现本国产业向高度化的转型升级。传统的要素禀赋论已经无法用来解释产业转型或者升级现象。因此，部分国内学者针对这种新经济问题认为，必须对将后发优势、竞争优势、技术创新、制度创新等要素纳入广义的比较优势范畴[②]。

1.1.2.5　货币政策与产业结构的关系

（1）货币政策的内涵。货币政策是国家宏观调控的重要手段之一。2021年中央经济工作会议明确提出，稳健的货币政策要灵活适度，引导金融机构加大对实体经济，特别是小微企业、科技创新、绿色发展的支持。传统的货币政策调控更多的是通过总量性的货币供给控制和调节，实现对经济的扩张和收缩效应，以达到预期的政策目标。近年来，货币政策调控更加关注重点领域、重

①　胡耀华. 对外贸易对我国产业结构演进影响的研究 [D]. 长沙：中南大学，2008.
②　张小蒂，李晓钟. 我国外贸产品比较优势的实证分析 [J]. 数量经济技术经济研究，2001（12）：104-107.

点行业，出台的政策倾向性较强，充分体现了货币政策结构性调控的特点①。

（2）货币政策对产业结构的影响。国内学者认为，对于不同的产业部门，货币政策所发挥的效应是不同的。王剑、刘玄（2005）使用 1992—2003 年的月度数据分析了货币政策对产业结构调整的传导效应，分析结果表明，M2 的货币供给量的变动对产业结构的影响对于不同的产业影响效果存在很大的差异。戴金平、金永军、陈柳钦（2005）采用实证分析法分析了货币政策对产业的影响效应，实证结果表明，在不同的产业内部，货币政策对产业结构调整升级的影响效果并不相同。对第一产业和第二产业而言，这种影响效果十分显著；对第三产业而言，这种影响效果表现得并不明显。王昊旻（2009）基于我国 1978—2007 年的年度数据，研究了货币供给量对三次产业的影响，实证分析结果表明，货币供给量的增加与第一产业生产总值和第三产业生产总值呈正向相关关系，但是与第二产业产值呈负向相关关系。刘梅生（2009）从银行信贷的角度研究了产业结构调整升级，发现银行信贷规模与第一产业变动呈负相关关系，但是银行信贷规模与第二产业变动呈正向相关关系。曹永琴（2010）采用实证分析法从短期和长期两个角度分析了改革开放以来我国货币政策对产业结构调整升级的影响，实证分析结果表明，不同的产业，货币政策对产业结构调整升级的影响程度不尽相同，从强到弱依次为第一产业、第三产业、第二产业。邵翠丽（2019）通过实证研究得出结论，数量型和价格型货币政策都能对不同经济区的产业结构产生有效影响，但调控的区域差异较大，扩张的价格型货币政策倾向于对区域产业结构升级产生负向作用，扩张的数量型货币政策则倾向于产生正向作用，数量型货币政策对产业增加值的冲击作用效果比价格型货币政策弱，但无论使用何种工具的货币政策都无法对产业结构产生长期持久的影响②。金春雨等（2017）通过构建因子扩展的马尔可夫区制转换向量自回归模型，研究了我国货币政策对产业结构优化的非线性效应，研究结果发现，在经济下滑时期，以量化宽松的短期价格型货币政策工具和紧缩的长期数量型货币政策工具为主、宽松的短期数量型货币政策工具和紧缩的长期价格型货币政策工具为辅的货币政策操作组合更有利于产业结构优化升级；

① 卜振兴. 结构性货币政策：产生、特点及运用 [J]. 现代金融导刊，2022（1）：4-7.
② 邵翠丽. 我国货币政策区域效应与产业结构升级的动态效应 [J]. 商业研究，2019（11）：79-87.

在经济上升时期，以紧缩的短期价格型货币政策工具和紧缩的短期数量型货币政策工具为主、宽松的长期价格型货币政策工具和宽松的长期数量型货币政策工具为辅的货币政策操作组合更能加快产业结构优化升级的进程[①]。彭俞超、方意（2016）基于贝叶斯参数估计和数值模拟分析和改进的政策前沿曲线评判框架进行分析，研究结果表明，非对称地实施结构性货币政策更能兼顾经济稳定和产业结构升级[②]。刘祖基和刘希鹏（2020）通过构建一个带有时变转换概率的马尔可夫区制转换向量自回归模型研究了不同经济状态下中国货币政策对产业结构优化的差异性影响，研究发现，在经济萧条时期，产业结构优化程度较低，以银行间 7 天拆借利率为货币政策中介目标的宽松性货币政策对产业结构优化升级起着促进作用，但其作用效果较弱；在经济繁荣和经济平稳时期，产业结构优化程度较高，以银行间 7 天拆借利率为货币政策中介目标的紧缩性货币政策对产业结构优化升级起着促进作用，并且其作用效果较强[③]。总体而言，货币政策对产业结构的影响基于不同的条件限定产生不一样的效果，需要清楚定位，分别论之。

（3）产业结构对货币政策的影响。除了货币政策会对产业结构产生一定的影响外，产业结构亦会反过来影响货币政策。卢阳（2016）通过建立1978—2014 年的面板数据 VAR 模型实证比较分析了全国和各地区产业结构调整对货币政策传导机制的影响，结果表明，产业结构的调整对货币政策信贷传导渠道有显著的影响。但是，从各地区的层面来看，产业结构的调整对货币政策信贷传导渠道的影响却有显著的差别，东部地区的产业结构变动对信贷政策最为敏感，中部地区的产业结构变动对 CPI 增长率的影响最大，但其对 GDP 增长率的影响却是负向的，其他地区的产业结构的变动对 CPI 增长率的影响不大，但是对 GDP 增长率的影响却是显著正向的[④]。马慧峰等（2020）将我国除港澳台以外的 31 个省（自治区、直辖市）作为分析对象，构建 1999—2016

① 金春雨，张龙，王金明. 我国货币政策对产业结构优化的非线性效应 [J]. 经济问题探索，2017（9）：1-11.

② 彭俞超，方意. 结构性货币政策、产业结构升级与经济稳定 [J]. 经济研究，2016（7）：29-42.

③ 刘祖基，刘希鹏. 货币政策协调与产业结构"非线性"优化 [J]. 当代经济科学，2020（2）：59-67.

④ 卢阳. 区域产业结构调整对货币政策传导机制影响的实证研究：基于面板 VAR 模型 [J]. 经济问题探索，2016（10）：10-17.

年空间面板模型，从金融集聚和产业机构的角度对影响货币政策区域效应的原因进行探索。研究发现，货币政策区域效应在我国是客观存在的且随着时间推移发生了变化，金融集聚、产业结构变动对货币政策效率有较为显著的影响[①]。

（4）货币政策对产业结构升级的局限性。也有学者认为，货币政策对产业结构升级的影响微乎其微。彭明生、范从来（2018）运用 SVAR 模型分析中国货币政策对民间投资产业结构的影响，研究显示，货币供给增加对第一、第三产业民间投资起到较弱的推动作用，但对第二产业民间投资产生抑制作用，并得出结论，货币政策对民间投资的总体影响较小，并且难以有效地推动民间投资的产业结构优化升级[②]。

1.1.2.6 环境规制与产业结构的关系

（1）新的环境规制理论。传统古典经济学家普遍认为，环境保护会增加企业成本，从而降低竞争力，对经济发展产生不利影响。在此背景下，波特（1995）提出，适当的监管标准，即环境规制能鼓励企业对技术进行更新，从而有利于提升竞争力，这被称为"波特假说"。其对传统经济学中环境保护理论提出了挑战[③]。

（2）环境规制与产业结构的关系。关于环境规制与产业结构的关系，国内学者所持有的态度有所差异。一部分学者认为，环境规制可以有效地促进产业结构调整升级。例如，李强、聂锐（2010）认为，环境规制大体可以分为经济型规制和社会型规制两个方面，而这两个方面对资源配置都会起到一定的作用，也对产业结构调整升级存在直接或间接的影响。刘慧（2015）将环境规制分为正式环境规制和非正式环境规制，并指出这两种规制对产业结构调整的影响效果不尽相同，正式环境规制对产业结构调整的效果已经充分显现，并且成为推动产业结构调整升级的重要动力，而非正式环境规制对我国的产业结构调整效应初步显现。薛曜祖（2016）通过分析发现，环境规制对产业结构调整升级起着推动作用，这种推动效应的路径具体表现为环境规制会影响企业

---

① 马慧峰，田丽娜，郑福. 金融集聚、产业结构与货币政策区域效应研究：基于空间面板模型 [J]. 金融发展评论，2020（2）：135-146.

② 彭明生，范从来. 中国货币政策的民间投资产业结构效应 [J]. 金融论坛，2018（8）：3-13.

③ 覃雨薇. 环境规制与技术创新：关于"波特假说"的文献综述 [J]. 现代商业，2021（32）：138-140.

的利益分配，使得劳动力、资本等要素在企业间进行流动，而资源的重新配置使得产业结构调整升级成为可能；同时，环境规制也影响着全要素生产率和经济增长，同样会对产业结构调整升级产生影响。郑金玲（2016）通过研究表明，在不考虑环境规制竞争的前提下，环境规制标准越严格越有益于产业结构调整及升级，在各省（自治区、直辖市）进行环境规制竞争的情形下，环境规制对产业结构升级的推动作用会减弱。王艳、辛萌等（2021）基于2005—2019年中国省级面板数据，采用两步系统广义矩估计动态面板模型以及产业结构优化的中介效应模型，检验环境规制对经济增长质量的效应，结果表明，环境规制对经济增长质量的效应存在显著差异，产业结构合理化加深了环境规制对经济增长质量的正向影响。分区域来看，环境规制对中部地区经济增长质量的促进作用最为显著，其次是东部地区，而在西部地区呈现出明显的抑制作用；在中部地区，环境规制通过提升产业结构高级化来提高经济增长质量，而在东部地区环境规制则是通过产业结构合理化来提高经济增长质量[①]。张桢钰等（2021）基于长江经济带2003—2019年的数据，在嵌套矩阵下建立空间杜宾模型，分析环境规制、产业结构升级对生态文明的影响，结果显示，环境规制对生态文明建设有显著负向影响，产业结构升级对生态文明建设有显著正向影响，环境规制与产业结构升级协同促进生态文明建设总体表现为正相关[②]。郑晓舟等（2021）基于中国十大代表性城市群2003—2018年的数据进行实证检验，结果表明，环境规制能够显著促进产业结构调整[③]。

（3）环境规制对产业结构调整优化升级的作用具有条件性。一部分学者认为，环境规制对产业结构调整优化升级的作用是基于一定条件之下进行研究的，不可泛泛而谈，甚至由于经济发展水平的不同，这种影响效果也不相同，有时还会适得其反。例如，蔡传里（2015）通过研究发现，环境规制对环境的改善作用毋庸置疑，但是对经济的促进作用并不明朗，而且目前在中国环境规制没有形成经济与环境"双赢"的局面。钟茂初（2015）认为，现阶段中

① 王艳，辛萌，雷淑珍. 产业结构优化视角下环境规制对经济增长质量的效应研究 [J]. 西安石油大学学报（社会科学版），2021 (6)：19-30.
② 张桢钰，吴杰，别凡. 环境规制、产业结构升级对生态文明的影响：基于长江经济带的实证 [J]. 统计与决策，2021 (22)：177-180.
③ 郑晓舟，郭晗，卢山冰. 环境规制、要素区际流动与城市群产业结构调整 [J]. 资源科学，2021 (8)：1522-1533.

国的经济发展方式仍属于"半内涵式"，环境规制可以使得产业转移，但是对产业结构调整升级的效果却不显著。李娜（2016）认为，环境规制对产业结构调整升级的影响不可泛泛而论，必须是在以一定条件为前提下才可以有一定的规律。例如，在改革开放初期，环境规制对产业结构升级影响不明显，随着对外开放进程的不断推进和深入，经济发展水平不断提高，环境规制对产业结构调整升级的作用逐渐变得显著。谷秀娟、樊晨希（2016）认为，环境规制对产业结构调整升级的影响是基于一定的前提之下的，在经济、金融发展水平相对较低的地区，环境规制对产业结构调整升级的推动作用会被削弱。谢云飞等（2021）以中国2005—2017年30个省（自治区、直辖市）的面板数据为样本进行实证分析，研究表明，环境规制对产业结构升级的影响呈倒"U"形。分区域来看，东部地区环境规制对产业结构升级的影响为负，而中西部地区环境规制对产业结构升级的影响为正；分规制类型来看，命令控制型环境规制和市场激励型环境规制均与产业结构升级呈倒"U"形关系，而公众参与型环境规制对产业结构升级的影响不明显[1]。

（4）环境规制对产业结构转型的局限性。有学者通过研究得出环境规制不利于产业结构转型的结论。例如，郑晓舟、卢山冰（2021）利用2003—2018年中国十大城市群的面板数据，借助动态面板回归模型和门槛回归技术进行实证研究，研究结果表明，环境规制不利于十大城市群的产业结构合理化和高度化，当以环境规制强度作为门槛变量时，环境规制与产业结构的合理化呈倒"U"形关系，与产业结构高度化呈折线对应关系[2]。孟浩、张美莎（2021）选取中国2001—2018年省级面板数据构建SDM模型，实证研究结果表明，现阶段中国环境污染阻碍了产业结构的合理化和高级化进程，且这种现象具有显著的空间溢出效应[3]。

1.1.2.7 技术创新与产业结构的关系

（1）技术创新的内涵。20世纪初，约瑟夫·熊彼得在《经济发展理论》

---

① 谢云飞，黄和平，徐斌.环境规制对产业结构升级的影响研究：以我国2005—2017年省际面板数据为例［J］.城市与环境研究，2021（3）：56-76.

② 郑晓舟，卢山冰.环境规制对产业结构转型影响的统计检验：以十大城市群为例［J］.统计与决策，2021（18）：59-63.

③ 孟浩，张美莎.环境污染、技术创新强度与产业结构转型升级［J］.当代经济科学，2021（4）：65-76.

中提出，创新是将生产要素或生产条件的"新组合"引进生产体系中，而技术创新区别于发明创造的一个重要特征是它含有一定的商业性。伊诺斯从行为学的角度出发，认为技术创新是指研发目标选择、资本投入、组织创建、计划制订、招工和开辟市场等几种活动的综合效果。目前，国内外学者比较认同的技术创新概念是由经济合作与发展组织界定的，一般是指以获得自主知识产权、掌握核心技术为目标进行的创新活动[①]。我国对技术创新十分重视。党的十九大报告指出："深化科技体制改革，建立以企业为主体、市场为导向、产学研深度融合的技术创新体系，加强对中小企业创新的支持，促进科技成果转化。"

（2）技术创新与产业结构的关系。关于技术创新与产业结构的关系，国内学者的观点相对统一，即产业结构调整升级离不开技术的创新和投入。渠海雷、邓琪（2000）认为，技术创新对产业结构调整的影响路径表现为"技术创新→出现新的产业→形成新的产业部门→产业结构调整升级"。范泽孟（2002）认为，在工业化发展的不同阶段，技术进步都是影响产业结构转换的主要动力，不同工业化阶段对技术需求的不同，导致产业结构演进的规律不同。王永贵（2002）认为，在经济全球化的背景下，仅仅从资本和劳动力的角度分析产业结构调整优化及经济发展并不全面，应该从技术创新的角度对产业结构调整升级进行研究。因为只有把握技术前沿，才能具备较强的竞争力，对于促进产业结构转型升级、经济高质量发展才能起到积极的促进作用。邝小文（2007）认为，技术创新对产业结构调整升级的影响应该从两个方面进行分析：一方面，技术创新使得产业内部分工不断深化，从而形成新的产业部门，促使资源重新配置，实现产业结构调整升级的目标；另一方面，技术创新会淘汰一些落后产能产业，从而实现对传统产业结构改造升级的目标。黄茂兴、李军军（2009）使用实证分析法分析技术创新、产业结构调整升级与经济增长的关系，实证分析结果表明，技术创新、技术选择和资本深化是产业结构调整优化升级的加速器，可以有效实现经济高质量发展。刘伟、张辉（2010）使用对比分析法分别分析了产业结构调整、技术创新对经济发展的作用，结果表明，改革开放以来，随着经济发展水平提高，产业结构调整、技术创新对经济发展均产生了一定的贡献，但是不同的发展阶段各自的贡献率不同。在改革开放之前，其对产业结构调整的贡献率不大，随着改革开放的不断

---

① 朱清香，苏媛，沈明慧.产业政策、技术创新与企业绩效：文献综述与展望 [J].贵州省党校学报，2021（2）：121-128.

深化和经济的不断发展，技术创新对经济发展的贡献率逐渐提高。彭建娟（2013）从区位经济的角度分析了区域自主创新能力对产业结构调整的影响，他认为自主创新能力作为现代区位经济要素，有拉大自然资源地区差异的作用，如供应充足，则对区域经济及产业结构调整起着良好的推动作用。付宏、毛蕴诗（2013）使用 GMM 模型对我国 31 个省（自治区、直辖市）在 21 世纪以来的创新、产业结构高度化等相关数据进行了实证分析，分析结果表明，创新投入对我国产业结构高度化起着积极的促进作用。陶长琪、周漩（2016）使用面板平滑转移模型分析了技术创新与产业结构调整的关系，并得出在要素集聚的情况下，技术创新对产业结构优化升级的效果边际递减的结论。李悦（1988）运用关联理论分析，认为技术进步、社会供给和需求变化、国外供给与需求变化是导致中国工业结构变动的直接原因。马艳华、魏辅轶（2011）指出，影响产业结构调整升级的因素如下：一是天然的要素禀赋，二是一国政治、经济等制度（如我国的市场经济制度），三是技术创新（如自主创新、技术创新引起的需求升级和劳动生产率提高），四是需求。王华和龚珏（2013）则指出，科技创新是产业结构优化升级的根本推动力。朱于珂等（2021）通过构建中介效应模型与面板门槛回归模型，得出工业企业绿色技术创新对经济高质量发展呈现显著的正向影响的结论，产业结构合理化与高级化均在工业企业绿色技术创新与经济高质量发展之间存在显著的部分中介效应，产业结构合理化在短期内抑制了工业企业绿色技术创新对经济发展质量的积极作用，即产业结构合理化存在负向的部分中介效应，而产业结构高级化则存在正向的部分中介效应。当工业企业绿色技术创新处于高门槛区时，产业结构优化将对经济高质量发展产生显著的"结构红利"效应[1]。

此外，还有学者对产业结构转型升级的方向和路径进行了探讨，结合可持续发展理论、经济发展理论，基于对气候变暖、能源危机和环保等全球性问题的考虑，认为发展中国家的工业化道路与产业结构转型升级必须以可持续发展为指导走低碳道路（樊海林 等，2004），满足公平目标（刘润葵，2009），在城市化进程中稳步推进消费经济的发展（迟福林，2010)[2]。

---

[1] 朱于珂，高红贵，肖甜. 工业企业绿色技术创新、产业结构优化与经济高质量发展 [J]. 统计与决策，2021（19）：111-115.

[2] 陈红进. 产业结构转型升级的国际比较研究 [D]. 上海：上海社会科学院，2013.

1.2　人口均衡发展相关理论

马克思、恩格斯的人口理论提出了"两种生产"原理：一种是物质资料的生产，另一种是人口的生产。人口的生产将会作用于物质资料的生产，物质资料的生产不可能脱离人口的生产①。马克思在《经济学手稿〈政治经济学批判〉》中提出："社会的条件只能适应一定数量的人口。"反映了马克思主义的人口均衡观，人口的数量规模必须与社会条件、生产力相适应，达到一定的均衡状态，即人口均衡。

我国历来重视人口研究，关于人口发展方面具有均衡意义的思想、政策和研究成果不胜枚举。具有当代意义的我国人口均衡发展问题研究，最早见于1994年胡伟略的《市场经济与均衡人口》和1996年李涌平的《决策的困境与人口均衡政策——中国未来人口发展问题的探讨》两份文献。进入21世纪后，伴随我国人口、外部资源与环境之间的关系复杂化，人口均衡发展研究逐渐被国家层面重视。其中，最具有标志性意义的是国家人口和计划生育委员会2008年3月提出"实现人口长期均衡发展"工作设想和2010年5月18日中国人口与发展研究中心主办的中国人口与发展研讨会，该研讨会的主题即为"促进人口均衡发展，建设人口均衡型社会"。2020年11月，习近平总书记在参加第七次全国人口普查登记时指出，人口工作非常重要，我国既面临人口众多的压力，又面临人口结构转变带来的挑战，并强调了人口工作对完善人口发展战略和政策体系、制定经济社会发展规划、推动经济高质量发展的重要性。可见，完善人口发展战略，达到合理的人口均衡，对于我国经济高速发展的意义重大。2021年6月，《中共中央 国务院关于优化生育政策促进人口长期均衡发展的决定》中提到以均衡为主线的主要原则，提倡把促进人口长期均衡发展摆在全党全国工作大局、现代化建设全局中谋划部署，兼顾多重政策目标，统筹考虑人口数量、素质、结构、分布等问题，促进人口与经济、社会、资源、环境协调可持续发展，促进人的全面发展。近年来，我国对人口理论的不

---

① 李龙，陈佳鞠.马克思主义人口均衡思想及其中国化 [J].人口研究，2019 (3)：102–112.

断实践探索，以及以习近平同志为核心的党中央提出的人口均衡相关指导思想是马克思主义人口均衡理论中国化的重要体现。

自人口均衡发展概念提出以来，出现了许多有意义的研究成果，人口均衡理论日益成为学术界研究的热点，更多的专家学者从更高的视角、更深的层面对该问题给予关注。

1.2.1 人口均衡相关理论

1.2.1.1 人口均衡概念

（1）人口均衡的定义。中华民族文化自古以来讲究阴阳平衡、万物和谐。哲学认为，物质有追求均衡的本性，世间万物都是以相对均衡的形式存在，都在不断追求客观造成的不均衡的环境下的均衡[①]。"人口均衡发展"这一命题是均衡理论在人口学科中的合理拓展，"人口均衡"本质上是寻求社会的可持续发展，强调人口、经济、社会、资源、环境等变量的同向增长。均衡是一个经济学概念，通常是指具有协调性和可持续性的一种状态，在这一状态下，系统内各要素力量相对平衡，且变动的净趋向为零。

（2）人口长期均衡发展的经典理论研究。在人口长期均衡发展方面，学术界主要关注"人口均衡"的认识，人口均衡理论可以分为一般均衡理论和内外部均衡理论。一般均衡理论是瓦尔拉斯（1874）在《纯粹经济学要义》中研究经济要素变动趋于零的稳定状态时首先提出，强调市场经济中在一定价格条件下供给和需求达到均衡的状态，消费者趋向于达到效用最大化，而生产者趋向于达到利润最大化。由于人口因素是经济体系中的重要因素之一，一般均衡理论的提出使众多学者将目光聚集到人口均衡发展的研究上[②]。内外部均衡理论则是将人口均衡分为内部均衡和外部均衡这两个方面进行分析，这种讨论分析方法也体现了马克思主义唯物辩证法中提到的内外因辩证原理，这种方法也被称为"二分法"。人口内部均衡是指在一定时期内人口自身的数量、结构、质量及分布等要素协调发展，表现为规模适度、结构优化、素质提升、分布合理。而人口外部均衡是指人口自身系统与外部社会各因素之间的相互关系，表现为人口与经济、社会发展相协调，与资源、环境承载力相适应。一般

[①] 曹全喜. 均衡论 [M]. 北京：华龄出版社，2007：10-21.
[②] 陆杰华，朱荟. 建设人口均衡型社会的现实困境与出路 [J]. 人口研究，2010（4）：20-27.

学者都采用"二分法"来分析人口均衡的内涵，例如，翟振武、杨凡（2010）将人口均衡分为内部均衡和外部均衡两个方面进行讨论。李建民（2021）将人口均衡分为广义人口均衡和狭义人口均衡。人口长期均衡发展课题组（2010）提出了三分法，认为人口均衡除了内部均衡和外部均衡之外，还有一个总均衡，并对人口均衡和人口均衡发展有了进一步认识，虽然人口长期均衡发展课题组追溯了人口均衡的理论起源，但仍然没有据此总结出有理论深度的定义。

（3）经济学领域的人口均衡理论进一步拓展研究。随着人口均衡理论相关理论研究的进一步推进，均衡理论被拓展为非均衡理论、弱平衡理论、局部均衡理论和区域均衡发展理论等。人口非均衡理论是对人口非均衡状态的相关理论研究，人口非均衡是对人口的数量、结构、分布与素质等人口内部系统失衡状态，抑或人口与经济、社会、资源或环境等外部系统之间失衡的统称[1]，人口均衡是理想的、平衡的状态，而实际情况是人口结构处于一种动态的、非均衡的状态，所以对人口均衡的探索研究，为优化人口结构出谋划策，助力我国当前人口结构由非均衡向均衡发展是十分有意义的。弱平衡理论是则是介于平衡理论和非平衡理论之间，达到一种类似于物理学中弱平衡的状态，是动态的、多因素影响的、在一定外在条件约束下的、可控的非平衡状态。局部均衡理论是在基于一般均衡论的基础上，假定其他市场条件不变，单一地讨论某个变量所达到的均衡状态。区域均衡发展理论是由于不同区域之间的要素禀赋差异衍生出来的均衡发展理论，包括列宾斯坦的最小努力命题论、纳尔森的低水平陷阱理论、罗森斯坦的大推进理论、纳克斯的贫困恶性循环理论和纳克斯的平衡增长理论等。

（4）其他领域的人口均衡理论相关研究。人口均衡涉及的相关理论除了经济学领域的一般均衡理论和内外均衡理论等外，还包括涉及资源环境方面的可持续发展理论，涉及人口方面的适度人口理论、人口安全理论等。可持续发展理论是由联合国成立的世界环境与发展委员提出的。该委员会在《我们共同的未来》中，将可持续发展定义为"满足当代人的需要，不损害后代人满足需要的能力的发展"[2]。可持续发展理论中的人口承载力理论重点强调了可

① 陈友华，孙永健. 非均衡发展：人口发展理论的批判与建构 [J]. 学海，2021（4）：47-55.
② 李晓灿. 可持续发展理论概述与其主要流派 [J]. 环境与发展，2018（6）：221-222.

持续发展与人口之间的关系，从自我恢复能力阈值出发，提出"由于地球系统的资源与环境对人口承载能力有限，因此必须严控人口数量及其经济社会活动"[①]。适度人口理论的概念由英国经济学家坎南于19世纪末首先提出。坎南认为，一个国家在任何时期都存在一个经济上的最大收益点，当劳动力超过或少于这个量时，都会引起收益减少，处于"最大收益点"的人口便是最适合的人口[②]。人口安全理论强调人口的安全观念，人口的结构失衡会相应引发一系列安全问题，人口的结构需要保持一定的均衡以达到人口安全，维持社会稳定。梁禹、毛欣娟（2018）提出，在人口社会结构方面，短期难以逆转的老龄化以及出生性别比的持续失衡，将对我国社会保障、治安稳定以及国防人口安全造成威胁[③]。

1.2.1.2 人口均衡困境

（1）人口均衡困境的定义。人口均衡困境是指一种非均衡的人口结构状态。人口均衡型社会是一种理想状态，是构建中国特色新常态经济努力的目标及方向，而人口非均衡困境是人口结构发展过程中面临的问题。

（2）我国主要的人口问题。陆杰华、朱荟（2010）提出，目前，我国的人口均衡困境体现在三个方面：一是以老龄化为特征的年龄结构失衡，以出生性别比偏高为代表的性别结构失衡，以及人口地区分布失衡等诸多人口结构性矛盾；二是人口总量的持续上升造成人口与资源环境的尖锐矛盾；三是人口素质难以适应日趋激烈的综合国力竞争。而要解决这种困境，需要转变人口发展方向、人口工作机制和人口服务管理体系，以及加强理论研究、理念倡导和公共政策体系设计。丁学洲（2012）亦通过研究提出，目前，我国的人口逐渐呈现出老龄化、城镇化和人口素质不高等非均衡状态[④]。聂高辉、晏佳惠（2019）主要集中论述了人口老龄化这一非均衡现象，并指出，我国东、中、西部空间人口老龄化分布情况差距悬殊，在空间内、空间之间均呈现显著的非

① 方方. 基于可持续发展理论的我国高等学历继续教育研究 [J]. 重庆科技学院学报（社会科学版），2021（2）：102-106.

② 陆杰华，庄匡时. 人口均衡型社会建设：理论思考与政策建议——兼论"人口均衡型社会、环境友好型社会、资源节约型社会"的关系 [J]. 中国人口·资源与环境，2010，20.

③ 梁禹，毛欣娟. 非传统安全视角下我国人口安全困境 [J]. 齐齐哈尔大学学报（哲学社会科学版），2018（7）：48-52.

④ 丁学洲. 试论"人口非均衡"状态下的国防人力资源安全 [J]. 军事经济研究. 2012，33（9）：54-55.

均衡特性，经济发展、城镇化进程、人口受教育水平等影响因素对不同空间人口老龄化的作用效果也不尽相同，应对人口老龄化的建议包括因地制宜制定人口老龄化应对措施、提高受教育程度、改善农村生活环境和鼓励适龄人口生育①。周克昊、谭荣辉（2021）提出，目前，我国存在经济集聚程度大于人口集聚程度，人口与经济的不匹配呈现出先增大后减小的趋势，且人口城镇化普遍滞后于土地城镇化的现象②。杨平（2013）对党的十八大报告中提出的人口均衡问题进行了研究分析，认为目前我国在促进人口均衡发展的进程中面临人口形势困境、理论指导困境、战略规划困境和工作机制困境等诸多困境。人口形势困境主要体现在人口安全、人口与社会资源环境之间的矛盾、性别结构失衡等问题上，而理论指导困境、战略规划困境及工作机制困境则是由我国目前人口相关理论研究及政策规划相对欠缺造成的③，故而研究人口均衡、优化人口结构是当下刻不容缓的事情。

（3）人口老龄化和人口素质提升。结合众学者的观点，我国的人口均衡困境可以总结为人口老龄化、人口与资源环境的矛盾、人口结构失衡、人口安全以及人才缺失问题等，而人口老龄化和人口素质提升尤为关键。徐瑾、陈慧琳（2022）认为，与日本、德国等老龄化问题严重的国家相比，中国目前仍是典型的发展中国家，其人口老龄化程度呈现出发达国家的特征，即出现了所谓的"未富先老"现象，这对我国经济社会的持续健康发展带来了不利影响④。曹聪灵（2022）提出，人口老龄化使得政府需要增加社会保障性支出、医疗卫生支出、科技支出以及教育支出等财政支出预算；人口老龄化还通过影响劳动力市场和消费市场，对所得税、增值税、消费税等税种的税源形成一定程度的冲击，进而对政府的财政收入产生影响⑤。郑亚男（2022）在分析人口

---

① 聂高辉，晏佳惠.人口老龄化空间非均衡及影响因素分析［J］.重庆社会科学，2019（1）：107-117.

② 周克昊，谭荣辉.东中部地区城市人口、经济与城市建设用地的非均衡与协调性分析［J］.世界地理研究，2021（1）：90-100.

③ 杨平.促进我国人口均衡发展：党的十八大报告学习体会［J］.辽宁行政学院学报，2013（9）：95-100.

④ 徐瑾，陈慧琳.人口老龄化对中国经济增长的影响：基于人力资本视角的考量［J］.江汉论坛，2022（2）：32-39.

⑤ 曹聪灵.人口老龄化对经济高质量发展的影响：基于财政可持续视角［J］.财经理论与实践，2022（1）：114-122.

老龄化对产业结构高级化的影响时提到，人口老龄化会加剧劳动力供给不足进而影响产业生产效率①。曹顺仙、刘妍妍（2007）认为，人口素质问题是当代中国控制人口与保护环境不可回避的重大现实问题，人口素质问题的根本在于我国的人口素质不适应社会现代化转型的需要，不能满足社会台阶式发展和可持续发展的需要，不适应社会主义中国和平崛起的要求②。总而言之，在社会发展的进程中，人口结构随之动态变化，不可避免地面临一系列的人口问题，而对人口结构与产业结构升级的研究可以助力解决当下面临的人口均衡困境，力争达到人口均衡型、资源节约型、环境友好型社会的要求。

1.2.2　人口均衡测量方法

建立一套评估指标体系和模型来描述、评价和监测人口均衡发展，是自人口长期均衡发展理论诞生以来学者们努力的方向。有学者对此提出了一些原则性的指导建议。例如，陆杰华、黄匡时（2010）认为，人口均衡型社会建设是理论研究和政策发展的必然选择，对人口均衡、人口均衡型社会进行定义，建议开启中国人口均衡发展行动方案，构建人口均衡发展指标体系，加强人口均衡型社会的理论研究，促进人口均衡型的公共政策组合体系建设。也有学者已经尝试构建指标体系。例如，王世巍（2008）在《城市人口均衡发展研究》一书中列出了城市人口均衡发展指标体系，但仅仅是松散的指标堆积，不能反映各个要素之间的相互关系和协调状况，也不能反映城市人口均衡的现状和面临的问题，更不能反映人口均衡发展的程度和发展趋势。原新、刘旭阳（2021）通过设定不同生育水平方案和实现更替水平生育率的时间方案，测算出2020—2030年我国人口规模和年龄结构，在长周期视野中探讨人口长期均衡发展的实现路径③。

茆长宝、陈勇（2011）的人口内部发展均衡评价指标体系和评价模型，对人口长期均衡发展测度研究具有标志性意义的进步，但遗憾的是，该研究仅仅是针对人口内部均衡进行研究，没有涉及人口外部均衡方面的理论研究，有

---

① 郑亚男.人口老龄化对产业结构高级化的影响分析：以河北省为例 [J].中国产经，2022 (1)：135-137.

② 曹顺仙，刘妍妍.关于"人口素质低"的思考 [J].前沿，2007 (9)：191-194.

③ 原新，刘旭阳.促进人口均衡发展的长周期思考 [J].学海，2021 (4)：38-46.

"就人口论人口"的狭义人口问题研究之嫌，无法体现人口长期均衡发展的本质。刘渝妍（2018）通过指标选择、指标结构和指标权重构建综合评价指标体系，以人口均衡型社会综合评价指标体系为例，通过灰关联序与综合指数结果排序的平均误差长度来检验所建立评价指标体系的合理性①。王颖、黄进等（2011）构建的评价监测模型指标体系，这是目前学术界提出的相对完善的人口长期均衡发展指标体系。该研究主要是从人口内部均衡和人口外部均衡两个方面构建人口长期均衡发展的指标体系与评价模型，采用2000—2007年31个省级单位的数据对人口长期均衡发展评价模型进行了验证。其中，人口内部均衡包括人口数量、人口质量和人口结构三个维度，人口外部均衡包括人口与经济、人口与社会、人口与资源、人口与环境四个维度，并以此为基础设定了三级指标体系。第一级指标包括人口内部均衡和人口外部均衡两个方面，第二级指标由人口数量、人口质量、人口结构等七个部分构成，第三级指标包括反映内部均衡的七个指标和反映外部均衡的十三个指标。

与此方法的类似是张俊良、郭显超（2013）构建的人口长期均衡发展的指标体系和评价模型。该模型从人口内部、人口外部、人口总体三个方面分别对人口长期均衡发展水平、协调度和可持续度进行了测评。

1.2.3　人口均衡与区域经济发展

（1）区域经济发展理论概述。区域经济发展理论是研究经济活动在一定的自然区域或行政区域中变化或运动的规律，揭示区域与经济相互作用规律的理论。区域经济理论起源于德国农业经济学家杜能（1982）提出的农业区位论和德国经济学家韦伯（1909）提出的工业区位论，其发展由区域内发展理论逐渐向区域间均衡发展理论扩展②。

（2）区域经济发展理论在人口均衡研究中的应用。后续有不少学者综合运用了空间地理聚集等多学科方法，对人口均衡发展与区域经济发展之间的关系进行了研究。人口分布具有聚集特征，人口集聚可以有效降低交流成本和提

---

① 刘渝妍. 基于排序误差长度的综合评价指标体系检验方法探讨 [J]. 统计与决策, 2018 (6)：5-9.

② 冯彦明. 对西方区域经济发展理论的思考：兼谈实现经济可持续发展的中国思路 [J]. 财经理论研究, 2020 (1)：1-10.

高交流效率，进而激发知识溢出，产生"马歇尔技术外部性"①，而波特的产业集群理论亦强调产业聚集所产生的协同效应可以有效促进经济发展。人口集聚可以推动经济集聚发展，形成区域经济。由于不同区域资源禀赋差异、产业发展情况等原因，人口分布会呈现不一样的特征。分区域对人口分布进行研究，将人口与区域经济相结合，是研究人口均衡的一种方式。肖周燕（2013）认为，市场与政府在配置人口和资本等生产要素时往往会产生不同的效果，作为高度强调效率的市场机制导致经济快速聚集。人口集聚通过提供劳动力、拉动消费需求促进经济增长，而经济发展也会增加就业机会、促进收入增长及社会条件的改善，从而为人口增长提供了基础，两者之间有正向积极反馈作用②。而有的学者对此持相反的态度。例如，黄祖辉等（2014）认为，中国劳动力低成本的优势将消失，这对中国未来的经济增长会产生负面影响，并基于动态可计算一般均衡模型对2010—2030年中国人口结构变化对中国经济的影响进行了实证分析，认为中国经济增速将下降至5.513%。

（3）宏观层面的人口区域均衡问题。也有学者从理论的宏观层面分析区域均衡问题。例如，曾明星（2019）认为，人口均衡不仅包括人口自身的内在均衡，更体现在人口与资源环境、经济社会间的协调发展上，实施人口区域均衡战略，在当前的经济、技术环境下，需重点关注人口偏集、内涵式合理的城镇化体系构建、快速老龄化、城乡贫困化转移等问题③。而更多的学者是从区域的角度将人口与经济结合研究。例如，蒋子龙等（2014）从地市级尺度对2001—2010年我国人口与经济的空间集聚特征与均衡过程进行了讨论，认为我国人口和经济的空间变化过程存在较强的规律性，主要呈沿海、沿江等主要空间发展轴及中西部核心节点城市集聚分布态势。翁艺丹（2015）研究了广州市人口空间均衡特征与经济关联关系，研究表明，广州经济的持续高速发展对于人口聚集的吸引力强，而人口聚集效应对经济发展的贡献度高。李颖丽（2016）以成都市为研究对象，对成都市目前人口均衡型社会建设的现状与问

---

① 冯月. 人口与经济集聚的空间效应：以成渝地区双城经济圈为例 [J]. 西南民族大学学报（人文社会科学版），2022（2）：127-135.

② 肖周燕. 中国人口与经济分布一致性的空间效应研究 [J]. 人口研究，2013，37（5）：42-52.

③ 曾明星. 中国人口发展中的区域均衡问题及破解思路 [J]. 宁夏社会科学，2019（2）：101-108.

题进行了评价和分析，并提出应从人口内部控制人口规模、优化人口结构、提升人口素质、引导人口的合理布局，从人口外部积极转变经济发展方式、不断拓展人口发展空间，健全体制机制以促进人口均衡发展的政策建议。周健（2017）探讨了人口在产业和城镇之间的均衡程度，并以长三角城市群作为研究对象测度，并探讨了其对经济增长的影响。

1.3　产业转型升级与人口发展关系的理论

英国经济学家马尔萨斯在《人口原理》中提出了"马尔萨斯人口论"，他认为人口是以几何级数比率增长，而粮食和其他生产却是以数字级数比率增长的，人口增长的速度永远超过粮食同其他生产增长的速度，所以人类必须控制人口增长。但是，马尔萨斯的人口论争议较多。它的局限性主要在于将人口的增长看作完全自然的过程，忽略了生产力的因素，而人口增长是基于生产力下的一种社会过程，所以需要将人口发展关系与经济社会、产业转型升级相联系，才能得出相对全面、客观的分析结论。英国经济学家亚当·斯密率先分析人口与经济发展之间的关系，他曾在《国富论》中提出，居民人数的增长是一国繁荣最明确的标识，劳动是财富的源泉，所以劳动力与国家经济发展息息相关。

我国正在加快推进产业结构转型升级，从传统的劳动密集型、资源消耗型，逐步转向科技驱动型、低碳绿色型，产业结构正在加速从价值链低端迈向价值链高端，产业结构转型升级直接影响了人口就业形态。平台经济、低碳经济、数字经济等经济形态聚集了大量就业人口并呈现就业规模持续扩大趋势。

1.3.1　人力资本与产业转型

目前，已有文献对人力资本与产业转移的互动关系进行了研究，证实了人力资本与产业转移之间存在相互促进的关系。

（1）人力资本与产业转型的关系。宏观环境分析模型（PEST）作为衡量评价产业外部环境的分析模型，包含了政治、经济、社会、技术四个环境因素。其中，人口构成是社会因素中重要的组成部分，是企业衡量产业外部环境时必须考虑的战略构成因素，人力资本通过影响产业外部环境，影响整个产业结构的形成、变迁、转型。李萍、谌新明（2012）认为，人力资本投资与就业稳定能够在很大程度上促进产业的转型升级，人力资本投资依赖于产业转型升级的推动，但这种相互促进是以稳定就业为前提的。薛继亮（2013）则以劳动力市场与产业转型之间的相关关系为出发点，得出劳动力市场集聚分散和产业转移的效应有助于劳动力市场完善和经济结构调整协调发展的结论。何刚（2015）运用结构方程模型有效判断创新型人力资本的各创新要素对产业转型升级的影响路径与作用强度，实证结果表明，创新型人力资本对区域产业转型升级具有不同程度的支撑能力①。张抗私、周晓蒙（2014）通过建模实证分析，研究表明，人力资本与产业转型是相互影响的，人力资本投资结构的合理分布是推动经济增长的重要因素②。唐石迅（2020）通过分析2000—2018年的省际面板数据，研究结果表明，人力资本积累能显著推动产业转型升级，对不同地区的产业转型、人力资本积累有着不同的影响，并在此基础上提出政策建议，建议合理配置人力资本，严防人力资本流失，健全体制机制，保护人力资本③。

（2）产业转型和人力资本作用的机制。部分研究关注产业转型和人力资本作用的机制，研究人力资本如何影响产业转型。冉茂盛（2008）认为，要素功能和效率功能是人力资本所具有的功能，有利于促进生产要素和技术进步的集聚，有利于促进产业转型和发展现代化。杨华（2014）认为，人力资本结构与产业转型的结合比人力资本更为重要。杨爽、范秀荣（2010）认为，在推动产业转型的过程中，人力资本的适配程度也起到很重要的作用。周少甫、王伟等（2013）的研究成果表明，人力资本和产业结构的优化相适应，更有利于人力资本配置的优化④。王欣亮等（2020）通过对产业转型升级重新界定并进行三维度划分，构建动态 GMM 模型及逐步回归的中介效应模型，探

① 何刚.基于 SEM 的创新型人力资本对区域产业转型升级影响研究［J］.安徽理工大学学报（社会科学版），2015（5）：9-13.
② 张抗私，周晓蒙.就业结构缘何滞后于产业转型：人力资本视角的微观解释：基于全国调研数据的实证分析［J］.当代经济科学，2014（6）：11-19.
③ 唐石迅.人力资本对产业转型的影响［J］.科技经济市场，2020（12）：144-146.
④ 张美琪.人力资本对煤炭行业转型发展的作用路径研究［D］.西安：西安科技大学，2020.

究了人口老龄化和产业转型升级的耦合效应与机制。王欣亮认为，虽然人口老龄化抑制了产业结构协调型转型，但其既有助于三次产业比例调整、推进产业升级，又能倒逼技术创新①。袁冬梅等（2021）从理论层面分析人力资本结构高级化对产业转型升级的影响及其机理，并构建地区产业转型升级指标综合评价体系，实证分析中国以从初级人力资本向高级人力资本演进为特征的人力资本结构相对变化对产业转型升级的影响，研究发现，中国人力资本结构高级化进程显著推动了产业转型升级，这一结论在考虑了测度指标测算差异、样本差异及相关内生性问题后仍然成立②。

以上研究表示，人力资本与整体产业转型之间存在相互作用的关系。从人力资本的存量、结构等的角度对产业转型进行的研究较多，结论都证明人力资本对产业转型有着促进作用。

1.3.2 流动人口与产业转型

（1）流动人口的形成。杜蒙从社会学角度提出社会毛细管学说。社会毛细管学说认为，所有人都有一种想从社会上低的地位向高的地位上升的倾向。这导致了人口的流动，这种现象与灯油顺着灯芯上升相似。人口的不断流动产生了流动人口，影响了人口结构，从而影响产业结构。当今社会，产业结构的优化调整促进了新兴产业的发展，给社会提供了大量的工作岗位。与此同时，流动人口是我国当前劳动力的主力军，但是流动人口的工作技能和学习能力相对有限。

（2）产业结构升级对流动人口收入的影响。产业结构升级对于流动人口收入的影响也是学术界关注的热点问题，产业结构升级对于流动人口收入会产生一定的影响。现有的劳动力流动与产业结构升级的文献中，对两者间关系的研究多集中于产业结构升级对劳动力流动的影响上。张友业（2019）认为，产业结构升级对流动人口就业结构转变有着积极影响，且流动人口的个人特征也会对就业结构转变产生显著影响。而随着劳动力流动规模的日趋扩大，学者

---

① 王欣亮，杜壮壮，刘飞. 人口老龄化、需求结构变动与产业转型升级 [J]. 华东经济管理，2020 (7)：61-72.

② 袁冬梅，李恒辉，龙瑞. 人力资本结构高级化何以推动产业转型升级？[J]. 广西师范大学学报（哲学社会科学版），2021：1-16.

们也开始重视劳动力流动对产业结构升级的影响。

1.3.2.1 产业结构变动对流动人口收入水平的影响

学术界关注产业结构变动的影响则是在工业革命之后，欧洲发达国家进入了工业化时代。在这一背景下，经济学家通过对时序数据与横截面数据的研究，发现经济增长与产业结构变迁之间存在某种联系。

（1）二元经济发展模式理论对人口流动的解释。二元经济发展模式理论对人口流动有一定的解释，二元经济发展模式经典理论认为经济发展就是传统农业部门向新型工业部门的进阶过程，伴随这一进程的是农村剩余劳动力将被转移至工业部门，原因是传统农业部门的边际生产率为零，农村劳动力完全能够适应工业部门的工作，不存在劳动力失业这一状况，这表明城市与农村的收入差距是吸引劳动力就业的原因，收入差距导致了人口流动现象。美国经济学家托达罗（1969）在此模型上进行了拓展研究，假设在农村剩余劳动力向城市工业部门转移过程中存在劳动能力异质性和城市失业，而这两个假设更符合现实情况，并认为农村剩余劳动力的工作技能不足以满足工业部门的需求，因此先从农业部门转移至城市传统部门，再由城市传统部门向城市现代部门转移，这两个过程均存在失业情况，并得到了同样的结论：城市与农村的预期收入差距是影响劳动力流动的主要原因。但是，斯塔克（1991）对假设条件进行了进一步的拓展，他认为摩擦性失业和劳动力技能水平差异会导致技能水平较高的流入劳动力不得不从事低技能水平的工作，而原本低技能的劳动者将会失业，这使得整个劳动力市场技能变得高级化。同时，他还认为，人口在流动到城市的过程中即使存在当前城市预期收入不如农村的状况，但人们依然会为了改变自身发展的微妙机会，选择前往城市发展。

（2）我国关于产业结构变动与流动人口收入水平的研究。我国学者对产业结构升级背景下的流动人口收入问题看法不一，大多数学者认为，产业结构升级有利于促进流动人口就业，从而提高其工资水平。杨胜利（2014）认为，产业结构调整使中西部地区投资增加，推动了中西部剩余劳动力的就业及收入的提高。陈玉芳（2017）通过实证研究得出产业转型升级程度与农民工的收入呈正相关关系的结论，产业转型升级程度越高，越能促进农民工的跨省流动，产业转型升级程度越低，农民工较倾向于在省内跨市或市内跨县范围内流动①。

（3）产业结构升级对劳动力收入水平起着抑制作用。部分学者认为，产业结构升级会抑制劳动力收入水平的提高，这便是"逆库兹涅茨"现象。蔡昉（2015）提出了逆库兹涅茨概念。逆库兹涅茨是指产业结构升级过程中出现的从高资源配置效率部门向低资源配置效率部门转移，导致经济增长减缓加剧失业问题的现象，劳动力收入衰减。有研究显示，农民工从工业转移到服务业过程中存在逆库兹涅茨现象。而且流动人口相对于其他劳动者，学习能力弱，适应社会变化能力差，产业结构升级对其就业与收入影响更大。因此，产业结构升级提高了工作技术要求，并影响到劳动力结构，使得部分低技能劳动力面临淘汰风险，从而降低他们的收入水平。

可以看出，国外学者认为产业结构变迁提高了劳动生产效率，从而导致人口流动，进而增加了收入。我国部分学者认为产业结构转型升级可以通过给流动人口提供更好的工作岗位来提高其收入水平。其实，两者本质上研究结果是一致的，均认为产业结构通过对流动人口的就业和失业情况来影响其收入水平。但蔡昉等学者提出的逆库兹涅茨现象，指出产业结构升级提高了对劳动者的技术要求导致部分低技能劳动者失业降低了其收入水平②。

1.3.2.2 劳动力流动对产业结构升级和经济增长的影响

（1）劳动力流动对产业结构升级的影响。国内学者关于劳动力流动对产业结构升级的研究偏向于实证研究，大多数学者认为劳动力流动对产业结构升级的影响是正向的，劳动力流动对产业结构升级相辅相成、相互影响。例如，戴翔等（2016）指出，劳动力红利的消失、劳动力的技能配置效率提高显著促进产业结构升级。曹芳芳等（2020）利用城市层面指标的相关数据进行实证研究发现，劳动力流动能够显著促进产业结构优化升级③。而有的学者认为，劳动力流动对产业结构升级不但没有起到促进作用，反而会起到一定的抑制作用。樊士德、姜德波（2014）的研究得到了劳动力流动可能会抑制产业转移的结论，这是因为劳动力大规模从中西部地区流入东部地区，流入的大部

---

① 陈玉芳. 产业转型升级对农民工流动和收入的影响 [D]. 广州：华南农业大学，2017.
② 王晓通. 产业结构对流动人口收入水平及分配的影响 [D]. 青岛：青岛大学，2020.
③ 范甜甜. 异质性劳动力流动对产业结构升级的影响研究 [D]. 青岛：青岛大学，2020.

1 产业与人口协调发展理论研究 | 35

分还是廉价劳动力在劳动密集型产业发展，并不一定会促进产业结构升级。而有的学者认为，劳动力流动对产业结构升级的是基于一定条件的，不同的条件导致不同的结果，不可单一论之。蔡昉、都阳（2011）通过研究发现，劳动力的流入能够提高流入地的要素技能匹配度，还能够提高生产效率从而促进经济发展，但是低技能的劳动力流入会降低要素成本，区域间的比较优势发生变化，劳动密集型产业转向技术密集型以及资本密集型产业的进程会受到一定限制，这不利于产业结构升级。有部分学者主要研究农村劳动力的流动对其产生的影响。例如，赵楠（2016）通过分析农村劳动力流动对产业结构升级的空间效应发现，劳动力流动显著促进产业结构升级。还有一部分学者研究劳动力在各个行业之间的流动，发现传统产业由于流失了很多劳动力，其发展受到抑制。柏培文、张伯超（2016）认为，新技术产业由于劳动力的流入得到促进，总体来说促进了产业结构的优化升级。但是，屈小博、程杰（2017）认为，劳动力从农业部门流向非农业部门而提高资源配置效率的作用越来越弱，人力资本的存量和质量是否满足升级要求至关重要。

（2）劳动力流动对经济增长的影响。在劳动力流动对经济增长、经济差距的影响方面，大多数学者认为，劳动力的流入会促进流入地的经济增长。朱炎亮（2016）、刘会政等（2016）均发现，劳动力的自由流动有助于资源配置和提高生产率，劳动力的流动还能缩小各个地区人均消费水平的差异，并在各个地区实现经济增长。苏伟洲、申洪源（2017）通过分析跨省人口流入和省内人口流入的数据发现，跨省和省内劳动力流入促进区域经济发展，且后者的影响更大。张义、王爱君（2020）的研究表明，劳动力流动能够显著促进经济增长。

（3）劳动力流动促进产业结构升级和经济增长的条件。如果就业保障体系不完善，此时这种流动可能会缺乏安全感，对于提高生产率和经济增长是不利的。甄小鹏（2017）发现，劳动力流动会扩大城乡收入差距。张志新（2020）发现，产业结构升级对城镇化影响在东部和中部地区表现为正向、在西部地区表现为负向；城镇化和产业结构升级对城乡收入差距均表现出负向影响[1]，劳动力流动扩大了城乡收入差距，但进一步分析之后，农村劳动力流动

---

[1]　张志新，邢怀振，于荔苑. 城镇化、产业结构升级和城乡收入差距互动关系研究：基于PVAR模型的实证［J］. 华东经济管理，2020（6）：93-102.

从长远看是可以有效缩小我国城乡收入差距的。李敬等（2015）指出，农村劳动力流动正向促进东部地区服务业的增长，对中部地区服务业显著负向影响，对西部地区服务业无显著影响。而对于流出地的影响，李晓阳（2018）认为，劳动力流出会阻碍流出地的经济增长。尹志超（2020）利用 CFPS 数据实证分析发现，农村劳动力的流动显著促进了家庭储蓄率的提高，进一步来说，其流动能够增加家庭收入。

总体而言，劳动力流动对产业结构升级和经济增长存在影响，影响路径之一就是劳动力流动通过影响产业结构升级，进一步影响经济增长，这种影响既有正向，也有负向。如果要实现劳动力促进经济平稳发展，助力我国经济高质量发展，则需要提高流动劳动力的素质，优化劳动力的知识结构，增强其专业技术能力，使劳动力的流动对产业结构优化升级以及经济发展发挥正向、积极的作用。

1.4 人口支撑产业发展的理论分析

人口作为发展的禀赋条件和基础性要素，影响经济社会发展全局，在经济社会发展中占有基础性和战略性地位。经济发展需要各种资源要素投入，包括土地等各种资本、原材料和劳动力。人口支撑产业发展的原理主要体现在人口红利所发挥的能动作用、规模效应、协同作用、引领变革等作用上。人口是市场的主体，受市场经济影响也对市场经济发挥着举足轻重的能动作用。人口聚集产生的规模效应、协同效应是人口红利的外在体现之一，而人口对生产的推动和技术的创新又在一定程度上推动产业变革。

1.4.1 人口红利概述

（1）人口红利的概念及理论。按照经济发展的逻辑，一个国家在老年人口比例达到较高水平之前，将形成一个劳动力资源相对丰富、抚养负担较轻、有利于经济发展的"黄金时期"。这是人口经济学家口中的"人口红利"。人口红利的概念由 Bloom（1998）在论述人口转变与经济增长之间关系的时候首先提出。他在后续的研究中，认为人的需求和经济行为在人生不同时期存在差异，因此人口年龄结构的改变对一国的经济增长会产生重要影响。如果人口中大部分是劳动年龄人口，他们所提高的劳动生产率能够产生促进经济增长的人口红利①。传统的人口红利仅仅被用以描述人口转变过程中人口年龄结构变动，而新兴起的第二次人口红利又被称为"人口质量红利"，以人力资本积累和劳动力流动迁移推动的配置型人口红利为主。王广州（2021）将人口红利定义为就业人口红利，认为红利其实是额外获得的收益，从人口经济学的基本原理出发，只有就业人口才能创造价值、构成红利的来源，因此人口红利是由就业人口创造的②。原新、金牛等（2021）根据人口机会、国情现实和主导作用，廓清了基于人口机会的人口红利概念，并将人口红利划分为由劳动力的经济增长效应主导的数量型、由人力资本的经济增长效应主导的质量型和由全要素生产率的经济增长效应体现的配置型三种类型，初步建构了具有中国特色的人口红利理论，并基于理论建构，从人口机会和政策环境的转型过程重构了人口红利的动态机制，由此提出中国人口红利未消失和正处于转型期的判断③。

（2）人口红利对我国经济发展的作用。对我国来说，之所以会发生改革开放至今的经济增长奇迹，人口红利的作用可谓居功至伟。人口红利能有效支撑产业转型发展，助力我国经济行稳致远。宋强（2019）认为，人口红利主要从以下几个方面影响经济发展：一是人口红利代表着充足的可就业劳动力，充足的可就业劳动力能够促进分工的细化，从而带来规模效应，劳动力比例和规模扩大会带来总产出的增加和人均收入水平的提高，带动市场整体发展；二是劳动力参与率的提高会提高社会储蓄率与投资率，创造更多的社会剩余价值，扩大市场投资范围；三是充足的可就业劳动力意味着用人单位有更高的用人标准，客观上提高了劳动力质量，进而提高了劳动生产率，促进经济发展④。

---

① BLOOM D E, CANNING D, SEVILLA J. Economic growth and the demographic transition [J]. NBER Working Paper, 2001 (8685)：1-87.

② 王广州. 中国人口机会窗口与人口红利再认识 [J]. 中国人口科学，2021 (3)：2-16.

③ 原新，金牛，刘旭阳. 中国人口红利的理论建构、机制重构与未来结构 [J]. 中国人口科学，2021 (3)：17-27.

④ 宋强. 从人口红利到改革红利：推动经济向高质量发展 [J]. 金融与经济，2019 (8)：93-96.

1.4.2　刘易斯拐点或将到来，产业转型发展面临新的挑战

（1）刘易斯拐点的理论研究。刘易斯二元结构理论认为，传统经济是农业与工业共存的"二元经济"发展模式，工业部门劳动效率与经济产出高于农业，经济发展过程是现代工业部门相对于传统农业部门的扩张过程，这一扩张过程将一直持续到把沉积在传统农业部门中的剩余劳动力全部转移干净，直至出现一个城乡一体化的劳动力市场时为止，这一过程表现为社会经济发展的工业化进程和城市化进程。"二元经济"发展模式分为两个阶段：一是劳动力无限供给阶段。此时农业劳动力过剩，工资取决于维持生活所需的生活资料的价值。二是劳动力短缺阶段。此时传统农业部门中的剩余劳动力被现代工业部门吸收完毕，工资取决于劳动的边际生产力。在这两个阶段转换中，劳动力由剩余变为短缺，工资水平提高。经济学把连接第一阶段与第二阶段的交点称为"刘易斯转折点"。刘易斯拐点的到来意味着人口红利结束。人口红利消失，劳动力短缺，加大了未来经济发展的风险。因此，数量庞大的劳动力在经济发展中不可或缺，一旦短缺，将给经济带来巨大的挑战，粗放的、低水平的、劳动力密集的经济增长点，将面临严重的经济萎缩，进而影响经济发展。

（2）国外关于应对人口红利式微的相关对策研究。世界各国和地区为了延长人口红利期，实现人口与经济社会环境卫生的均衡发展，均采取一些主要的措施，主要包括经济激励、增加生育假、扩大托育服务覆盖面、保障女性就业权益、延迟退休和加大引进移民力度等①。日本在第一次人口红利衰退和消失时充分享受到由第一次人口红利繁荣期创造的教育红利而形成的第二次人口红利，是因为其充分认识到通过教育提升人力资本的重要作用。其主要做法如下：一是消化吸收引进的外国先进技术需要高素质劳动力的支撑；二是劳动力素质要与产业发展需求相适应；三是通过国民收入倍增计划推动了日本劳动力成本的上升，打破了低劳动力成本的优势；四是着眼于更长远的消费需求、投资需求和进出口需求等需求侧的提升以及经济结构优化升级等供给侧的变革，实现了经济快速增长和经济发展方式的转变；五是通过大力发展正规教育和职业培训来实现人力资本的提升，从而以劳动生产率的提高弥补了由此所带来的

---

① 国务院发展研究中心课题组. 认识人口基本演变规律　促进我国人口长期均衡发展 [J]. 管理世界，2022（1）：1-19.

劳动力成本上升的负面效应，为经济快速增长和经济发展方式的转型提供了人力资本的保障①。德国是一个移民大国。为解决国内面临的人口老龄化、劳动力短缺等问题，德国通过世界人口的移民流入的方式获得了人口红利。德国在欧洲难民危机时接收了百万难民进入各州，难民的进入不仅仅给德国经济带来充足的劳动力，也对德国社会稳定产生了极大的影响。对此，德国政府颁布了新《融入法》，以保障难民更好地融入德国社会。新《融入法》的设计思路很明确：先通过社会救济金让难民解决生存与温饱问题，而后接受语言与工作培训，使难民尽快进入就业市场并融入德国社会。其预期目标为：前期对于难民的投资可以在未来的经济发展中获得回报，通过难民融入政策中的培训环节将难民从"人口"转化为"人手"，使涌入德国的几百万难民转化成可以利用的"本国人口红利"②。法国通过津贴补助政策鼓励生育，一胎家庭每月获近300欧元补助，三年内二孩家庭可以获得每月约600欧元的补助直至孩子6岁，三孩家庭补助提高到每月900多欧元直至孩子18岁；允许带薪的生育假政策，为家庭的育儿提供保障，一、二胎产假16周，三、四胎产假24周，均带薪，育儿假3年，带薪；建设社区托幼机构，并鼓励开设个人托儿所；推行人才照护项目，简化愿意为法国经济做贡献的受薪或非受薪外籍人士定居法国的程序。

（3）国内关于应对人口红利式微的相关对策研究。对于我国当前人口红利式微的形势，不少学者对此展开研究，并就此发表观点，提出相应的对策建议。张鹏、施美程（2021）通过总结中国人口结构转型的历史过程与经验特征，提出了"人口负债"的相关论证来描述当前人口红利式微的情况，并指出人口转型使得中国总体人口形势已由人口红利时期总量过剩、劳动力年轻和充裕与抚养比下降的优势逐步转变为人口负债时期总量减少、劳动力稀缺和老化与抚养比上升的挑战，其主要挑战来自人口总量负债、人口结构负债、人口性别负债和人力资本负债四方面③。吴滨、肖尧（2021）基于2005—2018年相关数据，重新估算了中国工业行业全要素生产率、劳动力成本及产业结构高

① 周健.第二次人口红利视域下的我国教育红利：基于日本的比较研究［J］.理论与改革，2021（6）：116-127.
② 宋怡.浅析德国的人口红利问题：以难民融入政策为例［J］.西部学刊，2022（4）：58-61.
③ 张鹏，施美程.从人口红利到人口负债：新发展阶段人口转型问题研究［J］.江淮论坛，2021（6）：20-27.

度化等指标，利用完全修正最小二乘法进行回归分析，考察了中国人口红利衰减、产业结构变化对工业经济发展产生的影响，研究结果表明，劳动力成本上升、产业结构调整对中国工业经济发展方式转变有明显改善作用，对中国产业升级及企业创新也有较强的正面效应，而短期的"外循环"不畅，对中国工业经济高质量发展不存在长期不利影响[①]。只要中国能合理配置要素资源，通过创新等一系列措施促进工业经济向集约型发展转变，应对当前的人口形式，优化人口结构，促进产业发展，便能在一定程度上应对当前人口红利式微带来的影响。薛继亮（2013）提出，我国东、西部区域具有不同的人口红利特征，东部地区的经济增长已经陷入劳动力成本增加和产业转型升级缓慢的境地，迫切需要通过创造第二次人口红利的条件和产业转型升级来获得区域经济的可持续增长；而对于西部地区，则具有较多的第一次人口红利，这为承接东部传统劳动密集型产业提供了条件。西部地区丰富的人口红利潜力形成的人口红利效应，将为西部地区产业升级、工业区兴起和集聚以及产业带的形成提供条件，有效利用西部地区人口红利潜力和做好承接东部产业转移的宏观对策研究，有助于发掘西部的要素资源潜力，带来区域经济增长[②]。

（4）提高人口质量是应对人口红利式微的关键。应对人口红利式微，人口老龄化压力的有效方法在于提高人口质量，将人口红利转变为人才红利，实现二次人口红利。2018年10月，李克强在中国工会第十七次全国代表大会上做经济形势报告时提出，"人口红利"加速向"人才红利"转变，这是中国发展的最大"底气"[③]。习近平总书记在党的十九大报告中明确提出："加快建设人才强国。"人力资源强国是人才强国的基础工程，建设教育强国和人力资源强国是加快建设人才强国的战略举措[④]。2021年9月，习近平总书记在中央人才工作会议上强调了"人才是第一资源"。习近平总书记指出，人才是衡量一个国家综合国力的重要指标，我们必须增强忧患意识，更加重视人才自主培

① 吴滨，肖尧.人口红利衰减、产业结构调整对中国工业经济发展影响研究［J］.统计与信息论坛，2021（6）：14-20.

② 薛继亮.中国西部地区人口红利与产业转型研究［J］.财经问题研究，2013（2）：39-44.

③ 中国政府网.李克强："人口红利"加速向"人才红利"转变，这是中国发展的最大"底气"［EB/OL］.（2018-10-25）［2022-04-12］.http://www.gov.cn/premier/2018-10-25/content_5334370.htm.

④ 高书国，杨晓明.东升西降：全球人力资源竞争力评价2020年总报告：中国即将进入人力资源强国行列［J］.现代教育管理，2022（2）：17-28.

养，加快建立人才资源竞争优势，并提出了"八个坚持"：一是坚持党对人才工作的全面领导，二是坚持人才引领发展的战略地位，三是坚持面向世界科技前沿、面向经济主战场、面向国家重大需求、面向人民生命健康，四是坚持全方位培养用好人才，五是坚持深化人才发展体制机制改革，六是坚持聚天下英才而用之，七是坚持营造识才、爱才、敬才、用才的环境，八是坚持弘扬科学家精神①。国内学者亦对应对人口红利式微，提高人口质量，将人口红利转变为人才红利提出了许多对策建议，具体的细化措施包括加大教育投入、提高人口健康水平、通过政策宏观调控，等等。郭俊缨、张伊杨（2021）指出，我国通过扫除文盲、义务教育普及、高校扩招等一系列制度举措使人口受教育水平显著提高，人力资本存量愈加丰富，人口质量红利有所积累，中国的人口发展模式已逐渐从数量型人口红利向质量型人口红利过渡，中国也呈现出由人力资源大国向人力资本强国转变的趋势。然而，在当前经济发展转型升级的时代背景下，从数量型到质量型的人口红利转变仍面临诸多机遇与挑战，需要完善相关制度、优化政策环境，为充分释放人力资本潜力、有效适配经济发展态势提供有利条件②。刘春阳、马洪范（2021）认为，为实现我国人口红利的可持续增长，进而支撑经济在战略机遇期内实现高质量发展，关键应把握好四大关系：人口红利与教育结构的关系、人才供给与产业升级的关系、老龄人口与长寿经济的关系、人力资本投入与产出的关系。在此基础上，应制定和实施八项政策对策：人口政策解决总量问题、教育政策解决结构问题、老年政策解决存量问题、消费政策解决增量问题、投入政策解决质量问题、就业政策解决红利问题、科技政策解决动力问题和财政政策解决潜力问题③。

---

① 中国政府网. 全面贯彻新时代人才工作新理念新战略新举措：论学习贯彻习近平总书记中央人才工作会议重要讲话［EB/OL］.（2021-09-29）［2022-04-12］. https://www.sc.gov.cn/10462/12771/2021/9/29/32ce053d802b485e8892261f8304adaa.shtml.

② 郭俊缨，张伊杨. 中国人口发展重大转向：从数量型到质量型人口红利［J］. 人口与健康，2021（6）：27-30.

③ 刘春阳，马洪范. 人口红利有条件可持续增长［J］. 财政研究，2021（6）：119-129.

2 人口均衡发展对产业转型升级的支撑框架体系

2.1 人口均衡发展支撑产业转型升级的基本原则

《"十四五"公共服务规划》提出，促进人口长期均衡发展。改革开放以来，凭借劳动力丰裕、劳动力成本较低的比较优势，我国不少企业实施成本领先战略，积极承接国际产业转移业务，实现了制造业的快速增长，加快了我国的工业化进程，使中国制造走向世界，国民经济得到快速发展，人民生活水平得到极大提高。如今我国人口红利式微，以数量为优势的人口红利逐渐转向以质量为优势的二次人口红利，产业的转型升级需以人口均衡发展为基础。人口均衡支撑产业转型升级的基本原则包括稳定数量原则、提高质量原则、人产融合原则、绿色发展原则、兼顾公平原则、保护民族原则和稳定安全原则七个原则，主要体现在人口结构与经济、社会、资源三个方面的相互作用上。

《广西人口发展规划（2016—2030）》指出，新时期广西人口发展正在经历一系列的趋势性变动，人口增长、人口流动、人口年龄结构和人口城镇化将发生深刻变化。具体说来，一是人口自然增长向更替水平回归，二是人口净流出规模趋于缩小，三是劳动年龄人口规模继续扩大，四是人口老龄化压力进一步增大，五是新型城镇化快速发展。

上述广西人口发展趋势是制定今后一个时期人口均衡发展政策的重要依据。另外，还要根据国家和广西壮族自治区经济社会发展的新形势、新使命来综合制定。具体说来，制定新时期广西人口均衡发展政策要注意以下几个方面

的原则:

(1) 稳定数量原则。要稳定人口发展规模,确保人口安全,使人口规模能有效满足广西经济社会发展对劳动力的需求。2021 年 7 月,《中共中央 国务院关于优化生育政策促进人口长期均衡发展的决定》正式发布,提出三孩生育政策,通过鼓励生育稳定人口数量规模,应对人口老龄化趋势,三孩生育相关的配套政策亦纷纷出台。政府工作报告提出,完善三孩生育政策及相关配套措施,将 3 岁以下婴幼儿照护费用纳入个人所得税专项附加扣除,多渠道发展普惠托育服务,减轻家庭生育、养育、教育负担。2022 年 3 月,广西壮族自治区第十三届人大常委会第二十八次会议表决通过了新修订的《广西壮族自治区人口和计划生育条例》。该条例规定,一对夫妻可生育三个子女,同时新增育儿假、产前检查陪护假,延长生育假,鼓励建立普惠托育服务体系等内容。三孩生育政策及相关配套措施的出台,是对于应对人口老龄化,保障人口数量持续健康增长,人口规模结构合理,发挥人口红利的重要举措。

(2) 提高质量原则。要不断提高人口素质,为广西经济社会发展提供大批高层次、高质量人才。首先,着力提升人口素质。习近平总书记在中央人才工作会议上指出,党的十八大以来,党中央做出人才是实现民族振兴、赢得国际竞争主动的战略资源的重大判断,做出全方位培养、引进、使用人才的重大部署。人才是实现科技创新、推动经济发展的重要力量,人口素质是人口质量中的重要组成和人口质量水平的重要判断标准。其次,着力提高人口健康素质和优生优育服务水平,优化劳动力。《关于做好提高出生人口素质工作的意见》提出,通过加强科学研究,完善有关法律法规和制度,提高出生人口素质的技术水平。主要措施包括:将母婴保健工作逐步纳入法制化管理轨道,通过开展婚前保健、孕产期保健和新生儿保健;实行全民食用合格碘盐和为特需人群合理补碘等防治地方病措施;大力治理环境污染,使先天畸形和智残发生率有较大幅度下降。提高人口素质,是实现人口长期均衡、人口数量红利向人口质量红利升级的重要原则。

(3) 人产融合原则。要确保人口分布、人口结构同“三大定位”新使命、新型城镇化建设、乡村振兴战略以及广西产业布局、产业结构相耦合。人产融合是指产业、城市、人融合发展的新型城市发展模式。《广西壮族自治区新型城镇化规划》指出,要走“以人为本、集约高效、绿色发展、四化同步、城乡一体、多元特色"的新型城镇化道路。政府工作报告提出，大力抓好农业生产，促进乡村全面振兴。主要措施包括：完善和强化农业支持政策，接续推进脱贫地区发展，促进农业丰收、农民增收；全面巩固拓展脱贫攻坚成果；完善落实防止返贫监测帮扶机制，确保不发生规模性返贫；支持脱贫地区发展特色产业，加强劳务协作、职业技能培训，促进脱贫人口持续增收；强化国家乡村振兴重点帮扶县帮扶措施，做好易地搬迁后续扶持，深化东西部协作、定点帮扶和社会力量帮扶，大力实施"万企兴万村"行动，增强脱贫地区自我发展能力。实现人产融合，确保广西的人口与当下的产业战略、产业结构相协调，是保证人口服务于产业、支撑产业发展的重要原则。

（4）绿色发展原则。要确保人口发展同资源环境相适应，保护好八桂大地的绿水青山。习近平总书记提出了"绿色青山就是金山银山"的发展理念，这个理念多年来一直指导着我国经济与环境相协调的可持续发展。政府工作报告亦提出一系列促进生态环境协调发展的措施：一是持续改善生态环境，推动绿色低碳发展；二是加强污染治理和生态保护修复，处理好发展和减排的关系，促进人与自然和谐共生；三是加强生态环境综合治理；四是深入打好污染防治攻坚战；五是强化大气多污染物协同控制和区域协同治理，加大重要河湖、海湾污染整治力度，持续推进土壤污染防治；六是加强固体废物和新污染物治理，推行垃圾分类和减量化、资源化；七是完善节能节水、废旧物资循环利用等。坚持绿色发展原则，促进人口与自然资源协调发展，是响应国家新时代发展理念的重要原则。

（5）兼顾公平原则。要关注贫困人口、老年人口、妇女儿童及残疾人的生存和发展需求，完善面向这些特殊人口的精准服务体系。2020年4月，李克强主持召开国务院常务会议，部署加大对贫困人口、低保人员和失业人员的帮扶保障力度等。政府工作报告指出，要加快构建居家社区机构相协调、医养康养相结合的养老服务体系。要优化城乡养老服务供给，支持社会力量提供日间照料、助餐助洁、康复护理等服务，稳步推进长期护理保险制度试点，鼓励发展农村互助式养老服务，创新发展老年教育，推动老龄事业和产业高质量发展。

（6）保护民族原则。要关注广西民族地区人口均衡发展与民族发展相协调的问题。《扶持人口较少民族发展规划（2011—2015年）》提出，对包括广西在内的 22 个民族聚居地给予重点扶持，采取特殊政策措施，加快转变发展方式，提升发展保障能力和自我发展能力，促进经济社会与人口资源环境的协调发展和可持续发展的基本原则。第六次全国人口普查数据显示，广西少数民族人口文化素质在进入 21 世纪以后有了大幅提升，高学历人口增长迅速，但是各少数民族文化素质发展差异明显，整体文化素质低于汉族，个别民族处于后进水平。因此，要积极发展少数民族教育，探寻提高人口文化素质的有效途径：均衡配置教育资源，继续加大对民族地区教育经费的投入，改善民族中小学的办学条件；建立适合少数民族文化和生活方式的教育内容和教育模式；构筑多层次少数民族教育体系；重视少数民族女性受教育的问题；加强教师队伍建设，提高教师待遇和福利①。立足广西的民族特色，促进人口均衡发展与民族发展相协调，是保持民族关系良性发展、促进民族团结、经济协调发展的关键原则。

（7）稳定安全原则。要关注广西边境地区人口均衡发展、边境地区人口流动与边境地区稳定问题。《广西人口发展规划（2016—2030）》指出，强化人口发展的战略地位和基础作用，以人口空间建设和重点人群服务为战略支撑，构建沿边沿海开放人口支撑带。广西位于西南边陲，依托有利的地理位置，面向东盟开放合作，"一带一路"建设和广西北部湾经济区开放开发、珠江-西江经济带等国家重大战略对广西而言既是机遇也是挑战，必须立足资源条件和产业基础，加快产业结构优化升级步伐，积极承接产业转移，加大对外开放合作力度，搭建可持续的劳动力吸纳平台，提高人口集聚程度和公共服务承载能力，培养对接东盟专业技术人才，建设面向东盟的产业聚集高地，助力区域经济发展。但是，在大力开放、对接世界的同时，边境的稳定安全问题也是需要考虑的重要因素。广西边境人口安全、政治稳定、区域和谐是必须坚持的原则。

---

① 陆莹. 新时期少数民族人口教育的状况、问题和发展途径：以广西为例 [J]. 桂海论丛，2013（5）：120-124.

2.2 构建人口支撑产业发展体系的基本思路

2.2.1 注重人口内部各要素相均衡，着力提高人口质量

实施 30 多年的计划生育政策使得我国人口数量得到了有效控制，极大减轻了人口对经济社会和资源环境的压力。有专家预测，我国的人口规模将在2025—2030 年达到峰值，此后会走向负增长。因此，今后一个时期，我国人口发展战略的一个重要转变就是，从以控制人口数量为主转变为科学调控人口规模、不断优化人口结构、大力提高人口素质并举，促进人口内部各要素均衡发展，在确保人口安全的同时，着力提高人口质量。人口各要素均衡主要的关键着眼点在于优化生育政策、提高人口素质、确保人口安全、支持人力资源服务行业发展等几个方面。

（1）优化生育政策，改善人口结构。加强对生育政策的宣传和引导，提高居民生育意愿，保持总和生育率水平和人口规模稳定，可以为我国产业发展提供充足的劳动力。当前，我国的劳动密集型产业仍然需要大量的劳动力，如农业、林业、纺织、家具等。农业等第一产业是国民经济发展的基础，保证人口规模稳定，为农业发展提供动力，确保我国粮食供应充足、供应安全，是我国经济发展、社会稳定、人民安居乐业的根本保障。而机械制造业、低端零配件加工业等资本密集型产业的流水线作业也需要大量的技术型工人。过去，我国作为制造大国具有很大的人口红利和成本优势，虽然随着时代的进步、技术的变革，技术密集型产业、服务型产业、新兴产业逐渐发展壮大，但是制造业尤其是上游初级产品制造业作为产业链中不可或缺的一环，影响着我国产业的健康平稳发展。当今我国人口红利逐渐式微，不少地方出现"用工荒"的现象，制造业用工成本上升。而上游产业的发展如果受到影响，便会牵一而发动全身，影响到下游产业的成本和供应稳定，从而影响整个产业链的健康发展，供给侧的变化自然而然会影响消费端，最终影响经济的整体发展。所以，在大力提高人口质量红利的同时，也不放弃人口数量红利，是人口长期均衡需要考虑的问题。优化生育政策，宏观调控人口规模，维持人口均衡，对有效应对当

前人口趋势、支撑产业发展至关重要。

（2）提高人口素质和健康水平。产业发展离不开知识引领、创新驱动。党的十九大报告指出，人才是实现民族振兴、赢得国际竞争主动的战略资源。国内正处在人口均衡发展的关键转折期。未来，在深化供给侧结构性改革、激发各类市场主体活力、实现高质量发展方面，人才无疑是城市发展最关键、最急缺的要素，这也成为中国各地通过优惠政策"广栽梧桐，争引凤凰"的根本原因。通过实施科技体制改革攻坚方案，加大科技创新投入力度，发挥国家实验室和全国重点实验室的技术引领作用，深化产、学、研、用相结合，实施人才强国战略，鼓励教育事业发展，培养适应时代发展的专业技术型人才等一系列政策，可以有效将人口知识力量转化为引领技术变革的有力引擎、转化为促进产业升级发展的强大动力。除了人口知识水平方面外，人口的健康水平也在很大程度上影响着人口质量。居民的身体健康对保障劳动力质量，提高劳动力效率，保证产业生产有序推进，减少企业误工成本和居民不必要的医疗支出，提高居民生活质量和消费能力意义非凡。当今社会，由于生活节奏加快，人们的工作学习强度及压力普遍加大，尤其是高层次人才，面临许多健康问题。从这个角度看，人口知识素质和健康素质呈现出一定的矛盾，人口知识素质和健康素质同等重要，缺一不可。习近平总书记指出，没有全民健康，就没有全面小康。要把人民健康放在优先发展的战略地位，加快推进健康中国建设，努力为人民群众提供全生命周期的卫生与健康服务。通过完善卫生保障制度，健全医保制度体系，扩大医疗保障覆盖面，鼓励发展健康产业，宣传安全健康知识，形成全民运动、全民健康的风尚，可以有效保证人口健康，提高人口素质。通过提高人口知识素质和健康素质，努力提高人口质量，实现人口长期均衡，助力产业转型升级，保证经济持续发展。

（3）确保人口安全，构建和谐稳定型社会。原国家人口和计划生育委员会主任张维庆指出，人口安全是指一个国家不因人口问题而对自身综合国力和国家安全造成危害，能够合理避免或有效化解因人口问题导致的局部性或全局性危机。人口安全包含两层含义：一是人口本身数量、素质、结构、分布、流动等各要素之间相互适应、相互协调，形成一个顺畅运转良性发展的系统，不产生风险，不发生大的动荡；二是人口要素与经济、社会、环境、资源等外部要素之间相互协调、相互支撑，相互之间不构成威胁，不构成压力①。从社会安定角度而言，完善相关政策以及配套措施，保障流动人口权益，解决进城务工人员子女就学问题，鼓励流动人口定居，帮助流动人口融入城市，提高其幸福感、归属感，有利于保障社会稳定，减少社会动荡，而社会的稳定也有利于促进产业、经济的发展。

（4）支持人力资源服务行业发展，保障人力资源适应广西产业发展。当前，人力资源普遍存在供需不平衡的情况，专业技术人才、高等技术人才短缺，而低技术劳动力由于不适应产业发展的需求，容易产生人才短缺和失业问题共存的矛盾。所以，科学做好教育行业人才培养规划，发展人力资源服务产业帮助劳动力有效就业，使人口分布、人口结构适应广西产业布局，是解决这一问题的关键。《广西壮族自治区人力资源和社会保障部门支持人力资源服务行业发展落实促就业工作措施》提出，通过一系列措施支持人力资源服务行业：一是政府通过购买服务等方式，支持和鼓励经营性人力资源服务机构参与或承接公共就业等人力资源服务领域相关活动和项目；二是通过线上线下相结合等方式逐步安全有序开展小型化、灵活性线下招聘活动；三是各级人力资源和社会保障部门积极组织推动公共和经营性人力资源服务机构聚焦当地重点行业企业，提供用工招聘、人才寻访、劳务派遣、员工培训、人力资源服务外包等服务；四是开展精准招聘、创业扶持、技能培训等多样化人力资源服务，帮助高校毕业生、农民工、贫困劳动力、城镇失业人员等重点群体就业；五是鼓励人力资源服务机构搭建用工余缺调剂平台，帮助有"共享用工"需求的企业精准、高效匹配人力资源。

通过分析广西人口总量、人口自然增长率、人口流入流出情况、边境人口等人口数量指标，以及平均预期寿命、婴儿死亡率、每万人出生缺陷发生率、平均受教育年限、文盲率、大专及以上人口比例等人口质量指标，分析广西现有的人口内外部均衡情况，并在有理论、有数据支撑的情况下，为促进人口内部各要素相均衡、提高人口质量出谋划策。

2.2.2　注重人口与经济发展相互动，确保人口与经济发展相互促进

一方面，要继续大力发展经济，满足人民群众对美好生活的向往。由人口

---

① 韦加庆. 人口安全视野下农业女性化问题研究［J］. 西北人口，2016（3）：84-88.

引起的经济社会问题，归根到底是经济问题。因此，发展经济是解决人口问题的根本途径。通过大力发展经济，创造出更多更好的物质和精神财富，满足人民群众对更高质量生活的需求。另一方面，要充分发挥人口的能动作用，为经济发展提供充足的高素质劳动者。高素质劳动者是推动经济发展的重要动力。要根据未来世界和我国经济发展的新趋势、新特点以及我国劳动年龄人口总量不断下降和人口老年化的趋势，全面提高劳动者的科学文化水平和劳动技能，深入挖掘劳动力供给潜能，并积极引导人口与经济结构和经济布局相适应。

发挥人口对经济的能动作用，使人口红利带动经济发展。一是人口聚集发挥的协同效应能够促进产业发展和区域经济繁荣兴盛。二是充足的人口可以产生一定的规模效应，扩大人力资本市场规模，提高劳动力就业效率，帮助产业发展匹配合适的专业型人才，降低用工成本，并且劳动力市场的竞争性可以促进劳动力质量提高，使其不断更新知识技能，适应产业发展、技术变革的需要，使人才成为驱动产业升级、促进经济发展的强大内生动力。三是人才创新的驱动力可以助力形成战略新兴产业链条，推动供给侧结构性改革向高质量发展。

使经济反作用于人口，促进人口结构不断优化。一是经济的繁荣发展可以有效提高我国国民的消费能力和生活质量，也使居民有足够的经济能力响应国家的三孩生育政策，提高城镇居民生育意愿，从而保障我国人口总量稳定增长，人口结构在国家宏观调控引导下持续优化，保持人口红利。二是经济发展提高了我国国民的富裕程度、消费水平，也会相应降低人们的基尼系数，使人们在除了生活必需品的刚需消费外，加大了对子女教育的投入、对自我继续教育的投入以及对健康娱乐的投入，从而在一定程度上提高我国的人口质量，培养出知识型、健康型的新时代接班人，发挥二次人口红利的作用。三是人口质量的提高、人们消费观念的改变以及消费能力的增强也可以在很大程度上刺激内需，又进一步促进产业转型升级、经济繁荣发展，让劳动者享受到经济发展红利，从而形成一个良性的循环，保持人口与经济的长期均衡发展。

通过分析广西的人均 GDP、城镇居民人均可支配收入、农村居民人均纯收入、城乡居民收入差距、地方财政收入、社会消费品零售总额、进出口总额、全社会固定资产投资、人均铁路运营里程数，可以反映广西目前的经济发展情况，分析人口与经济之间的关系，助力人口与经济发展相互促进。

2.2.3 注重人口与社会发展相协调，确保人口与社会和谐共进

（1）确保人口与社会相协调是人口均衡发展的内在要求。具体来说，一是要采取有效措施，积极应对人口老龄化问题，有效开发老年人力资源；二是要继续实施精准脱贫战略，打赢脱贫攻坚战，实现贫困人口精准脱贫，并有效防止脱贫人口返贫；三是要促进妇女全面发展，保护未成年人的成长，保障残疾人的合法权益，努力促进社会和谐与公平正义；四是要进一步完善基本公共服务制度体系，大力推进基本公共服务均等化，确保广大人民群众都能公平可及地获取大致均等的基本公共服务。

（2）实施精准脱贫战略，打赢脱贫攻坚战。人口对于脱贫攻坚的意义重大，脱贫攻坚主要在于通过提高贫困人口技术能力、合理规划贫困地人口就业分布等方式，对贫困人口进行帮扶就业，来带动贫困地区人口脱贫。这种"造血式"扶贫相对于"输血式"扶贫是最根本、最有效的方法。而提高贫困人口质量，使其能够自力更生，适应劳动力市场、产业变革需求，是"造血式"扶贫的关键所在。同时，当前我国许多地方脱贫攻坚的成功案例都离不开返乡大学生的贡献，鼓励大学生返乡就业，助力脱贫攻坚，保障城乡人才均衡发展，优化城乡人才结构，对于人口与社会的均衡发展至关重要。

（3）保障妇女、未成年人、残疾人的合法权益，使其在人口市场中焕发活力。促进妇女全面发展，完善妇女劳动力供给体系，鼓励妇女就业，保障妇女权益。由于当今社会妇女的受教育程度、知识技能水平在不断提高，传统的妇女相夫教子的观念正在改变，妇女开始走向劳动力市场，并且在产业转型发展、经济进步当中发挥着举足轻重的作用。所谓"女性能顶半边天"，女性劳动力是人力资本市场中重要的组成部分。《中国妇女发展纲要（2011—2020年）》显示，2020年女性普通高中在校生中占比为50.4%，高等教育女性毛入学率为54.4%，在各类高等教育中女生占比均超过男生已经成为一种趋势。然而，女性就业人员占全社会就业人员的比重仅为43.5%，女性就业比例明显低于女性受教育程度，这在一定程度上形成了人口资源的浪费。当前，面对仍然存在的劳动力市场对妇女的不公平待遇以及社会存在的对女性的固有偏见，保障妇女在政治、经济、社会、家庭中享有和男子同等的权利，适龄女童享有受教育的权利，保证妇女在职业发展道路中得到公平对待，保障妇女在孕期、哺乳期

中的合法权益，为因生育影响就业的妇女提供就业服务、鼓励用人单位采取有利于照顾婴幼儿的灵活休假和弹性工作措施等，可以有效发挥女性劳动力在经济发展中的重要作用。鼓励妇女尤其是农村妇女就业。由于农村妇女人口数量巨大，而许多男性进城务工，留守妇女儿童在农村人口中占了很大比例，发挥妇女劳动力的优势，提升其劳动技能，使其为农村特色产业发展做出贡献，有效促进贫困地区经济发展；保护未成年人的成长，建立未成年人保护工作协调机制，加强未成年人保护法的普法宣传，完善校园安全风险防控体系，加强未成年人网络空间治理，关爱农村留守儿童，依法保障未成年人身心健康和合法权益。未成年人是祖国的花朵，是未来人力资本市场的主体，是社会主义现代化建设的主力军。十年树木百年树人，对未成年人的关注、投资是对祖国未来的关注、投资。所以，保护未成年人成长，培养出高质量的人才，对于我国未来经济的发展、人民的富强至关重要。保障残疾人的合法权益，帮扶城乡残疾人就业创业，帮助残疾人通过劳动生产获得收入，让更多残疾人通过劳动、积极就业获得收入，实现价值，不断提高生活水平。所以，保障残疾人的合法权益，鼓励残疾人创造价值，对于维护社会安定十分关键。

（4）完善基本公共服务制度体系，合理配置公共服务资源，推进基本公共服务均等化。例如，加强儿童照料、学前和中小学教育、社会保障等资源配置；提高基本养老和基本医疗保险统筹层次，加快完善养老服务体系，加强社区居家养老服务网络平台建设，大力推行"医养结合、康护一体"养老模式，建立老年长期护理保障制度；加强公共卫生服务体系建设，健全医疗保障和服务体系等，使得幼有所育、学有所教、劳有所得、病有所医、老有所养、住有所居。衣食住行，乃民生之根本。基本公共服务制度体系是人民安居乐业的基本保障，有了最基本的保障，才能满足人民对美好生活的需求，使人口最大效率地创造财富价值，全国人民团结一心，共同为建设新时代社会主义强国做贡献。

通过分析老年人力资源开发情况、贫困人员资助情况、妇女儿童专项资金安排情况、成年人教育经费投入情况、教育资源覆盖率、入学率、社会保险覆盖率等，可以反映广西目前的社会发展情况，并根据人口与社会之间的关系制定适合的发展战略，确保人口与社会和谐共进。

2.2.4 注重人口与资源环境相适应，确保人口与资源环境永续共生

（1）人口与资源环境之间能否永续共生关系到中华民族的未来发展。当前，我国人口与资源环境之间的矛盾已经越来越突出。因此，要切实采取有效措施，确保人口与资源环境之间相互协调，使资源环境既能满足当代人的需要，又不对后代的生存发展产生威胁。具体说来，要对人口的空间布局进行科学治理，推动城乡人口协调发展，促进人口合理分布，引导人口有序流动。要加大环境保护和治理力度，科学合理地开发自然资源，大力发展绿色能源，积极倡导绿色生活方式，不断增强人口承载能力。

（2）资源环境对人口的制约性。资源具有稀缺性，有限的资源对人口的增长具有一定的制约性，所以人口不可能无限增长。根据种群数量增长曲线，理想状态下的种群数量应该呈指数级增长。由于资源的制约性、生物对资源的竞争性，修正的种群数量增长曲线呈"S"形增长，即由快速增长到逐渐放缓，一旦超过环境容量能够承受的程度，甚至可能出现下降、灭绝的状态。对于种群的自然规律分析同样适用于人类，人口过多则对资源环境造成压力、人口过少则不能有效利用自然资源，产业经济发展便会后续乏力，故而必须形成一个和谐共生的均衡状态，才能维持人口的长期可持续发展。

（3）推动城乡人口协调发展，促进人口合理分布。根据2020年第七次全国人口普查数据，2020年我国城镇人口占比为63.89%，与2010年第六次全国人口普查数据相比，城镇人口比重上升了14.21个百分点。随着城镇化进程的推进，进城务工的大量农村人口为城市发展提供了充足的劳动力，成为城镇经济发展的强大力量。而乡村产业变革发展也需要人才的回流，推动农村产业多元化、促进农村产业变革，利用无人种植、流水作业等新兴科技提高农业生产效率，促进城乡发展一体化，推动城乡协调发展，对于城乡人口均衡十分重要。

（4）加大环境保护和治理力度。人类的生产生活依赖于资源环境，亦反作用于资源环境。为了短期利益牺牲环境换取经济发展并不可取，为了长期的可持续繁荣发展，加大对环境保护的投入力度，应该视作一种投资而非成本。而这种环境投资最终会造福人民，反过来服务经济发展。随着国家对保护资源环境的重视，以及公民普遍的绿色消费观念的普及，绿色科技不断创新，环保

产业、绿色产业正在崛起，影响着我国产业结构的变革。同时，随着不少贫困地区特色旅游资源的开发，旅游业逐渐发展繁荣，从而带来了人口流量，扩大了当地的消费需求，促进农业、房地产、金融、保险、通信、电子商务等共同发展，从而带动了区域产业链的进步、区域经济的繁荣兴盛。

通过分析广西人均耕地面积、人均粮食产量、人均水资源拥有量、森林覆盖率、人均废水量、二氧化硫排放量、湿地面积占比等指标情况，结合广西的生态环境资源状况，使人口与资源环境相适应，保障可持续发展。

2.3　广西人口发展与产业发展关系的研究

产业结构优化带来的结果并非均等的。从区域层面来看，区域间的产业结构变动差异较大，先进地区产业结构升级优化速度较快，而落后地区的产业结构转型进度缓慢，进而会导致不同区域间的工资水平存在较大差异。

（1）基于行业层面的劳动力与产业发展关系的研究。从行业层面来看，服务业在国民经济的占比越来越高，逐渐超过工业，成为国民经济的重要支撑部门。工业相较于服务业而言在创造就业和收入分配方面有着显而易见的不足。首先，服务业对于工业来说劳动力密集程度更高，单位劳动占用资金较少。也就是说，在相同的资本规模下能够创造更多的就业岗位；其次，服务业的发展更仰仗于技术水平的提高，劳动报酬在增加值分配中有更高的比重。

（2）基于个体层面的劳动力与产业发展关系的研究。从个体层面来看，产业结构调整对不同群体收入水平产生了差异化影响，不同教育程度、不同户籍、不同性别和不同职业的人群享受的发展红利的差异性较大。很多技能低，学历低的劳动力群体并不能够适应产业结构优化转变所带来的影响，他们从中获取的福利很少。这种不公平的结果可能会带来一系列的社会隐患，对此我们需要高度重视。以人为核心的高质量的产业结构优化，会有效地促进国民经济发展方式的变革，在微观上提高流动人口抚养家庭的能力，在宏观上促进国民财富的积累。近几年，中国产业结构的转变正处在一个高速发展时期，影响了流动人口的就业方向，促进了他们收入的增加。

（3）城镇化或城乡收入差距角度下的广西人口与经济发展研究。广西人口与经济发展研究的相关文献更多地集中在城镇化或城乡收入差距等方面，以城镇化和城乡收入差距等为尺度衡量经济发展进步情况。例如，吴寿平（2016）研究了广西农村劳动力流动、人口城镇化与城乡居民收入差距的关系，并得出了广西城乡居民收入差距对自身的冲击效应存在时间差异，农村劳动力流动对城乡居民收入差距起正向效应，短期效应显著，长期效应趋于稳定。钱玉洲（2020）系统梳理了柳州市人口变化特点对柳州新型城镇化建设的影响。庞体慧（2018）对同城化背景下广西北部湾经济区人口整合策略展开了研究。周子元、陈英英（2021）在比较粤桂扶贫协作结对县与其他县的数据基础上，研究了人口流动与广西县域居民收入的关系。黄朝阳、韦永贵（2020）研究了广西人口结构与城镇化的关系，认为从人口结构层面来看，常住人口规模的扩大、人均GDP的增加以及人力资本的提高使得广西的城镇化水平不断提高。徐宁宁（2020）运用基于灰色关联理论的灰关联熵流模型对2009—2018年广西人口城镇化对城镇就业增长数据进行验证，发现广西人口城镇化与城镇就业增长之间存在良性发展的协同演化关系。禹建奇（2019）基于广西地级市面板数据人口结构因素对经济增长的具体影响机制进行了实证分析，研究发现，广西人口结构规模的扩大对当地的城镇化水平提高与经济增长是起着正向促进作用的，但其作用不明显。

（4）广西人口均衡发展与产业、经济发展关系研究的必要性。关于广西人口发展与经济发展研究成果较少，相关的文献相对有限。孔伟艳、赵玉峰（2019）通过统计认为，广西近十年的人口是净流出状态，且有进一步扩大的趋势，导致既难以通过生产要素集聚发展自身，又难以凭借经济发展成果辐射周边。李春华、吴望春（2017）认为，广西是劳务输出大省，人口红利并未对广西经济发展呈现显著的促进作用，广西劳动力人口与产业结构发展不是很匹配。此外，更是鲜见人口与产业转型方面的研究。人口均衡发展与产业、经济发展的关系研究对于广西未来的战略发展十分重要，结合广西发展的实际情况展开研究，弥补、完善目前研究领域中的空白及不足之处，对广西未来人口均衡政策及产业发展政策的制定提供理论依据，刻不容缓。

（5）广西人口均衡发展与产业、经济发展关系研究的重要性。研究广西人口均衡发展主要有以下几个方面的战略意义：

第一，有助于加快建设壮美广西，落实"三大定位"（构建面向东盟的国际大通道，打造西南、中南地区开放发展的战略支点，形成"一带一路"有机衔接的重要门户）新使命。建设壮美广西、共圆复兴梦想，是谱写新时代广西发展新篇章的总要求。国家赋予广西构建面向东盟的国际大通道，打造西南中南地区开放发展新的战略支点，形成21世纪海上丝绸之路与丝绸之路经济带有机衔接的重要门户"三大定位"新使命。建设壮美广西和落实"三大定位"新使命都需要一定数量、一定质量的人口支撑。因此，促进广西人口均衡发展，有助于释放人口红利、提高人口素质，为广西各项事业提供充足且合格的劳动力资源，为建设壮美广西、担当"三大定位"新使命提供高素质的人才队伍支撑。

第二，有助于广西新型城镇化建设的推进和乡村振兴战略的实施，更好地满足广西人民日益增长的美好生活需要。无论是推进新型城镇化建设还是实施乡村振兴战略，都涉及人口发展问题，且归根到底是要提高人民的生活水平、增进人民的福祉，满足人民对美好生活的需求。因此，促进广西人口均衡发展有助于新型城镇化和乡村振兴战略目标的实现。

第三，有助于确保边境安全和民族团结。广西既是边疆地区，也是少数民族地区。要确保边境地区的安全稳定，就必须保证边境地区有适度规模的人口。要确保民族团结和睦，就必须借助人口政策来加以引导和支持。因此，促进广西人口均衡发展有助于确保边境安全和民族团结。

2.4 支撑体系构建及具体指标解释

到2025年，广西人口自身均衡发展的态势基本形成，人口与经济社会、资源环境的协调程度进一步提高。

——人口总量规模适度。平稳实施国家政策，及时根据国家政策取向调整，生育率保持在合理区间。总和生育率逐步提高并稳定在适度水平。至2025年，预期广西户籍人口与常住人口分别达到5 996.67万、5 307.35万人。

——人口结构总体优化。性别结构明显改善。劳动力资源保持有效供给，继续释放人口红利优势。

——人口素质明显提高。人口健康水平普遍提高，出生缺陷发生率明显降低。到 2025 年，婴儿、5 周岁以下儿童和孕产妇死亡率继续保持低位，平均预期寿命达到 78.5 岁。到 2025 年，广西高等教育进入普及阶段，劳动年龄人口平均受教育年限超过 11 年。

——人口分布和流动合理有序。新型城镇化加快推进。到 2025 年，广西力争城镇化水平达到 60%，四大城市（镇）群承载广西 83% 的城镇人口。边境地区人口保持基本稳定。

——重点人群保障水平逐步提高。老年人、妇女、儿童、残疾人、贫困人口等群体的基本权益得到有效保障，生活水平持续提高。养老服务体系更加完善。到 2025 年，广西社区居家养老服务网络覆盖全部社区，每 1 000 名老人拥有养老床位 38 张。

广西人口预期发展目标见表 2-1。

表 2-1　广西人口预期发展目标

领　域	主要指标	单位	2017 年	2020 年	2025 年
人口总量	广西总人口	万人	10 314	10 830	11 315
	总和生育率	%	—	—	—
人口结构	出生人口性别比		114	≤112	103～107
人口素质	人均预期寿命	岁	76.5	77	79
	劳动年龄人口平均受教育年限	年	8.6	10	>11
人口分布	常住人口城镇化率	%	47.1	54	59

3 广西人口均衡发展现状与产业转型升级

"十二五"期间，广西积极贯彻落实国家人口政策，扎实做好人口计划生育工作，为广西人口均衡发展打下了坚实基础；"十三五"期间，二孩政策的全面实施，对广西人口均衡的宏观调控产生了积极的效果；"十四五"期间，是由全面建设小康社会向基本实现社会主义现代化迈进的关键时期，广西人口发展已经进入关键转折期。广西人口主要面临以下问题：一是人口流失严重。按照目前的速度，预计将在 2025 年首次出现广西主要劳动人口数量规模小于贵州的情况。二是预计广西将在 2025 年迈入深度老龄化阶段（老年人口赡养比达到 5∶1）。人口老龄化程度不断加深，由于人口净流出庞大和深度老龄化的双重趋势，广西主要劳动力老化程度将快速加重等问题凸显。通过分析广西人口的内部均衡和外部均衡现状，客观分析广西当前人口均衡形势的优势和劣势，并结合广西产业转型升级现状，可以有助于制定更加适宜的人口均衡发展政策，为广西产业转型升级提供良好的人口均衡背景，充分发挥人口数量和质量红利，助力广西把握住人口发展新机遇，完成"三大定位"新使命，各民族人口团结一心，共同建设产业发展、经济进步和人民富裕的新广西。

3.1 广西人口内部均衡发展现状分析

人口内部均衡是指在一定时期内人口自身的数量、结构、质量和分布等要素协调发展，表现为规模适度、结构优化、素质提高、分布合理。目前，广西人口内部均衡主要体现在以下几个方面：一是人口总量稳步增长，但人口净流出规模扩大；二是从各地市来看，人口净流出现象依然突出，仅柳州市为人口净流入城市；三是边境县人口总量稳步增长，人口流出依然较大。

3.1.1 广西人口规模演变及现状分析

3.1.1.1 广西人口总量稳步增长，但人口净流出规模扩大

2019 年年末，广西户籍人口总量增长到 5 695 万，在全国所有省（自治区、直辖市）中排名第八位；常住人口 4 960 万人，流出人口 735 万人。2008—2019 年，广西户籍人口总量总体呈上升趋势，在 2019 年突破了 5 000 万人。

如图 3-1 所示，2008—2019 年，广西户籍人口总量和常住人口均呈现逐年增长趋势，户籍人口年均增速为 1.1%，常住人口年均增长率仅为 0.27%。2019 年相对于 2008 年，广西户籍人口总量增长了 646 万人，常住人口仅增加了 144 万人。2017 年，广西户籍人口自然增长了 50.1 万人，向外迁移了 3.1 万人。广西户籍人口净流出的规模在不断扩大，常住人口总量在缓慢爬升。"留人在桂，任重道远。"

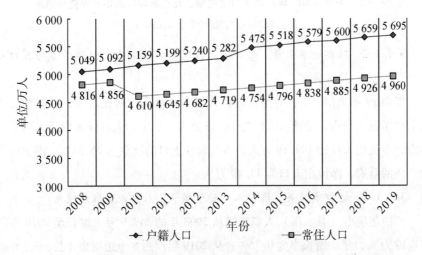

图 3-1　2008—2019 年广西户籍人口总量趋势

数据来源：《广西统计年鉴（2020）》。

广西人口平稳增长。2017 年, 广西人口自然增长率达到 8.92‰。如图 3-2 所示, 2008—2019 年, 广西人口自然增长趋势比较平稳。在二孩政策的影响下, 2017 年广西人口出生率达到近十年来的峰值。2019 年, 广西出生人口 66 万人, 人口出生率为 13.31‰；死亡人口为 31 万人, 人口死亡率为 6.14‰；人口自然增长率为 7.17‰。2017 年, 广西人口出生率为 15.14‰, 人口自然增长率为 8.92‰。

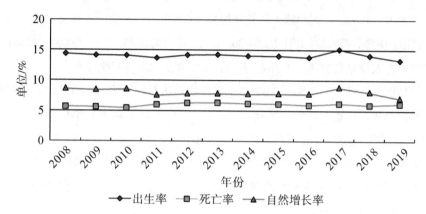

图 3-2　2008—2019 年广西人口出生率、死亡率与自然增长率变动情况

数据来源：《广西统计年鉴（2020）》。

3.1.1.2　从各地市来看, 人口净流出现象依然突出, 仅柳州市为人口净流入城市

以 2019 年为例, 广西各地市常住人口与户籍人口对比发现, 只有柳州市为人口净流入城市, 净流入人口为 14.28 万人。其中, 人口净流出最大的是玉林市, 净流出人口达 149.19 万人, 占其常住人口的比重达 25.38%；南宁市作为广西的首府, 净流出人口为 47.49 万人。

3.1.1.3　边境市（县、区）人口稳步增长, 人口流出依然较大

广西边境市（县、区）人口规模从 2008 年的 249.9 万人增长至 2019 年的 271.19 万人, 年均增长率为 0.75%；从 2019 年广西 8 个边境市（县、区）0~3 千米范围的边境常住人口与户籍人口对比分析发现（见表 3-1）, 仅东兴市和凭祥市属于人口净流入, 其他六个市（县、区）均属于人口净流出, 其中靖西市边境人口净流出最大, 达到 13.79 万人。

表 3-1　2019 年广西边境 8 市（县、区）人口（0~3 千米范围）

单位：万人

市（县、区）	户籍人口	常住人口
防城区	44.92	39.77
东兴市	15.71	16.54
那坡县	21.92	16.37
靖西市	66.42	52.63
宁明县	44.48	35.76
龙州县	27.50	22.97
大新县	38.55	31.00
凭祥市	11.69	12.16

3.1.2　广西人口结构演变及现状分析

总体来看，广西人口结构内部均衡有所提高，但与全国平均水平相比差距较大。广西人口内部均衡正在自我优化，亟须激活内生动力。广西人口内部均衡水平不断提高，内部均衡要素不断优化，但缺乏跨越发展的内生动力，部分重要内部均衡指标与全国各项指标均值的差距在不断扩大。广西在城镇化率、从业人员的产业结构、性别结构、大专及以上人口比例、平均受教育年限五个方面的指标均值要小于全国的指标均值，而广西在自然增长率、家庭户规模、老年人口比重、文盲率四个方面的指标均值要大于全国的指标均值，这说明广西人口内部均衡水平有所提高，但与全国部分重要内部均衡指标相比仍有较大差距。

3.1.2.1　身体素质和文化素质"双提高"

人口发展质量包括人口身体质量和人口文化质量两方面。人口身体质量发展现状主要运用平均预期寿命、婴儿死亡率、每万人出生缺陷发生率等指标进行分析，人口文化质量发展现状主要运用平均受教育年限、文盲率、大专及以上人口比例等指标进行分析。

（1）广西人口身体素质和优生优育水平不断提高，人口平均寿命高于全国平均水平。从人口身体素质来看，影响儿童健康的疾病发生率持续下降，人均预期寿命逐步提高。覆盖城乡的基本医疗卫生制度基本建立，居民健康状况持续改善，高龄老年人口逐年增加。

（2）广西人口文化素质稳步提高，但与全国平均水平的差距进一步扩大。从人口文化素质来看，广西人口平均受教育年限不断增加，文盲率不断下降，大专及以上人口比重显著提高，但是与全国其他省（自治区、直辖市）的差距越来越大。

——广西平均受教育年限从 2008 年的 7.98 年增长到 2020 年的 9.54 年（15 周岁及以上人口的平均受教育年限），但仍然低于同期全国平均受教育年限，而且其差距在拉大。全国平均受教育年限 2008 年为 8.27 年、2020 年为 9.91 年。2008 年广西与全国平均受教育年限的差距是 0.29 年，2020 年其差距扩大到 0.37 年。

——广西文盲率从 2008 年的 5.61% 下降到 2019 年的 2.73%。

——广西大专及以上人口占比从 2008 年的 3% 增长到 2020 年的 10.81%，累计增长了 7.81 个百分点，呈现稳步提升态势。其中，2011 年和 2015 年均达到 9%，但仍然低于同期全国平均受教育年限，而且其差距在拉大。全国大专及以上人口占比 2008 年为 6.7%、2020 年为 15.13%。2008 年广西大专以上人口占比与全国平均水平的差距是 3.7%，2020 年其差距扩大到 4.32%。广西每 10 万人口中拥有大专以上的人口数排位居于末位。

3.1.2.2　人口结构局部失调，内部结构不够均衡

广西人口结构男女性别比例失调，正处在老龄化社会向深度老龄化社会迈进的阶段；广西农业人口占 49.8%，主要劳动力逐步向第二产业和第三产业转移。具体指标如下：

（1）人口自然结构。广西男女性别占比高于全国平均水平，性别比例失调，呈现"男多女少"的性别结构；老龄人口占比逐步提高。

——性别结构。如表 3-2 所示，男女性别比率高的问题在我国各省（自治区、直辖市）普遍存在，但在广西尤为突出。2008—2019 年，广西男女性别比一直高于全国均值，始终在高位徘徊。2020 年广西常住人口中，男性为 2 591.6 万人，占比为 51.7%，女性为 2 421.1 万人，占比为 48.3%；男女性别比为 107.04（以女性为 100 名，男性对女性的比例计算），其中历年各地男女性别比最高的是钦州市（男女性别比维持在 120 左右），柳州和桂林处于最低水平。

表 3-2　广西人口性别比例统计（2008—2020 年）

年份	全国	广西
2008	106.07	109.21
2009	105.93	110.76
2010	105.21	110.5
2011	105.18	109.97
2012	105.13	107.72
2013	105.10	109.44
2014	105.06	108.36
2015	105.02	105.57
2016	104.98	108.43
2017	104.81	109.2
2018	104.64	111.26
2019	104.45	111.18
2020	105.07	107.04

数据来源：《中国统计年鉴 2020》《广西统计年鉴（2020）》。其中，2020 年广西人口数据来源于第七次全国人口普查公报。

——年龄结构。如表 3-3 所示，2019 年广西 0～14 岁年龄段人口占比为 22.03%，呈下降趋势；15～64 岁人口占比为 67.97%，呈平稳趋势；65 岁及以上人口占比为 10%，呈上升趋势。

表 3-3　广西常住人口年龄结构分布占比统计　　　　单位:%

年份	0~14 岁占总人口的比重	15~64 岁占总人口的比重	65 岁及以上占总人口的比重
2000	26.20	66.49	7.31
2008	22.07	68.48	9.45
2018	22.06	67.98	9.96
2019	22.03	67.97	10.00

数据来源：《广西统计年鉴（2020）》《2020 年广西壮族自治区国民经济和社会发展统计公报》。

由于广西人口流失规模庞大，15~64 岁主要劳动年龄人口不断减少，使广西老年人口比例不断增大，社会养老压力逐步加大。国际社会界定一个国家的人口老龄化有两个标准：一是进入老龄化，即 60 岁以上人口占总人口的 10%，65 岁以上人口占总人口的 7%（联合国标准）。按照这个标准，中国在 2001 年已经进入老龄化社会，广西在 2000 年已经进入老龄化社会。二是进入深度老龄化，即老年人口赡养比达到 5∶1（学术标准），也就是五个劳动人口（15~64 岁）供养一个 65 岁以上的老人。根据 2020 年第七次全国人口普查公报中的相关数据测算，广西 15~64 岁人口占比达到 64.18%，65 岁以上人口占比达到 12.2%，两者比值达到 5.26∶1，接近深度老龄化阶段。2008—2019 年，广西 65 岁以上人口占总人口的比重均整体呈现上升的趋势，2019 年广西 65 岁以上人口占总人口的比重达到 10%。

其中，2005 年，广西人口总抚养比达到 2002 年以来的峰值，为 49.99%，接近广西常住人口的一半，而全国人口总抚养比在 2005 年为 38.8%；2019 年，广西人口总抚养比仍然居高不下，达到 47.05%。

2008—2011 年，广西 65 岁及以上老年人口占总人口的比重高于全国平均水平；2012 年出现转折点，广西老年人口占总人口的比重开始低于全国平均水平，出现"剪刀差"。2008—2019 年，广西老龄人口占比平缓增长，维持在 9.56% 左右，但是，全国老龄人口迅速增长，全国老龄化程度显著高于广西。

2008—2019 年广西老龄人口与全国平均水平趋势对比见图 3-3。

图 3-3　2008—2019 年广西老龄人口与全国平均水平趋势对比

数据来源：《中国统计年鉴（2020）》《广西统计年鉴（2020）》。

特别值得关注的是，2019年广西净流出人口738万人中绝大部分是15~64岁主要劳动年龄人口。如果实行有效的"留桂就业创业"政策，广西的主要劳动人口占常住人口的比重将提高到72.1%，65岁及以上老龄化人口降低到8.67%，老龄人口抚养比增长到8.32%。由此可以看出，老龄人口抚养压力有效降低，为广西稳步推进老龄康养产业争取到了更多政策调整时间和空间。

（2）人口社会结构。

——三次产业的人口结构。2008—2019年，广西三次产业的人口占比呈现以下特征：第一产业人口占比下降，第二产业、第三产业人口占比提高，主要劳动人口正逐步向第二产业、第三产业转移，广西劳动力就业结构进一步优化。根据《广西统计年鉴（2020）》的统计数据，2019年广西第一产业从业人员有1 388万人、占比为48.7%，第二产业从业人员有492万人、占比为17.2%，第三产业从业人员有973万人、占比为34.1%。与2008年相比，广西第一产业下降5.89%，第二产业增加2.05%，第三产业增加3.84%。随着广西经济发展质量逐步提高，产业结构逐步升级，从事第一产业、第二产业的劳动力人口不断向第三产业转移，广西人口就业结构不断优化升级。

——家庭户规模趋于小型化。家庭户规模小型化是社会、经济、文化、人口等因素共同作用的结果。从人口变化的角度看，结婚年龄的推迟，不婚率和离婚率的提高，低生育率、寿命的延长、人口流动等，都导致家庭户规模不断缩小。如图3-4所示，2008—2019年广西家庭平均规模一直维持在3.2~3.5人。

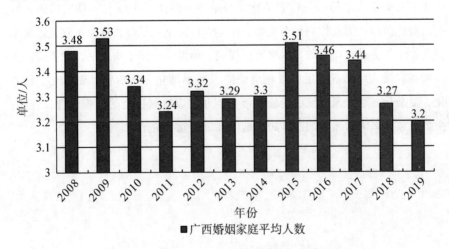

图3-4　2008—2019年广西婚姻家庭平均人数

数据来源：《广西统计年鉴（2020）》。

——民族宗教结构比较稳定。2008—2019年，广西汉族人口占比在61%～62%微幅波动，少数民族人口占比稳定在38%～39%。民族宗教结构比较稳定。

3.1.2.3 广西人口城乡分布优化，人口流动合理有序

2019年年末，广西人口城乡分布比重约各占50%，城镇化率缓慢提高，区外流出总量不断增大，但流出速度略有放缓。

从城乡人口分布结构来看，人口分布和流动合理有序，城镇化率稳步提高但增长速度放缓。但是，广西的城镇化率低于全国平均水平。

2018年广西的城镇化率为50.22%，在2019年年末广西的常住人口达到了5 695万人，常住人口城镇化率达到51.09%，2019年年末广西的城镇人口为2 534万人、农村人口为2 426万人；广西城镇人口比2019年年末增加了60万人。但是，2019年广西的城镇化率比2019年全国的城镇化率（60.6%）低9.51个百分点，广西的城镇化率还远落后于全国平均水平。同时，2017年，除南宁、柳州、桂林和玉林市外，其他设区市、县级市、县城和建制镇已全面放开落户限制，但吸引农村居民就地就近转移的效果并不明显。近年来，广西平均每年只有10万农业转移人口办理了进城落户手续，且主要集中在南宁、柳州、桂林等大城市。但是，从城镇化率来看，广西户籍管理制度改革的效果尚不明显，广西仍需大力推动新型城镇化进程。

总体而言，人口内部均衡基本情况是：人口数量缓慢增长，人口净流出数量庞大并呈扩大趋势；人口老龄化态势平稳，预计"十四五"期间将迈入深度老龄化阶段；男女性别形态失衡，出生人口性别比偏高；青少年发育迟缓率较高；主要劳动人口受教育水平有所提高，但低于全国平均水平，主要劳动人口和高素质人口储备不足；微观层面的家庭小型化、简约化、简单化、核心化、复杂化并存，家庭发展功能和能力弱化，家庭对社会的依赖性愈发强烈；少数民族区域人口流出加速；边境地区外籍就业人口增加。

3.2 广西人口外部均衡发展现状分析

人口外部均衡是指人口自身系统与外部社会各因素之间的相互关系,表现为人口与经济、社会发展相协调,与资源、环境承载力相适应。广西人口外部均衡形势主要体现在以下几个方面:一是人口与经济的协调关系遇到瓶颈,正在经历经济下滑与人口流失的双重挑战;二是人口与资源环境协调程度良好,人均资源占有率提高与人均资源利用率偏低并存;三是人口与社会发展协调程度良好,基本公共服务均衡化水平不断提高。

3.2.1 人口与经济协调性现状分析

(1)广西人口和经济的协调发展面临"两难"局面,常住人口增加和经济增长比较乏力。一方面,广西经济发展正在经历的产业升级扩面,急需大量高素质劳动人口,但现有的劳动人口的综合素质并不能满足经济发展的需求,人才结构性供求失衡,就业压力较大;另一方面,广西大规模人口外流,虽在一定程度上能缓解广西的就业压力,但也"带走了"购买力、经济需求总量、社会消费品零售总额、房地产成交量、主要劳动人口储备量等重要指标的份额,广西遇到"产业升级缺劳动力,消费拉动缺购买力"的尴尬局面。

——人均GDP。2008—2019年广西人均GDP不断增长。以人民币计算,广西人均GDP从2008年的14 652元增长到2019年的42 964元,实现了193%的增长,广西人均GDP的年平均增长率为10.27%。其中,2019年广西人均GDP相较于2018年,增长7.38%。以当年现价美元平均汇率计算,广西人均GDP从2008年的2 110美元增长到2018年的6 230美元(说明:2008年美元平均汇率为6.94,2019年美元平均汇率为6.90)。依据世界银行标准,广西迈进中等收入的初级阶段。2008—2019年,广西GDP增长速度从2008年的17.91%下降为8.2%,人均GDP增长速度略低于广西GDP增长速度。2008年,广西人均GDP排名在全国居第25位。2019年,全国人均GDP相较于2018年,其增长速度为7.4%;2019年,广西人均GDP同2018年比较,其增长速度为7.38%。人口与经济发展基本协同发展,但下降趋势明显。

——城镇居民人均可支配收入。广西城镇居民人均可支配收入在逐年增加，从 2008 年的 14 146 元增加到 2019 年的 34 745 元，年平均增长率达8.51%，低于全国城镇居民人均可支配收入平均增长率为 9.39%。随着经济的稳步发展，广西越来越接近全国平均增长速度，人民生活日益美好，人均可支配收入越来越高。

——农村居民人均纯收入。广西农村居民人均纯收入也呈现逐年增长的趋势，从 2008 年的 3 690 元增加到 2019 年的 13 676 元，人均收入标准提高了9 986 元，年均增长率为 12.65%，高于城镇人均可支配收入的增长速度8.51%。这说明，广西区政府实施农村居民收入倍增计划的效果明显，农村居民生活水平逐年提高。但城乡收入差距缩小的速度并不明显。

——城乡居民收入差距逐步缩小。从历年的城乡收入比来看，2008—2019 年广西的城乡收入差距呈现持续下降趋势，其间有过一次较大幅度的波动。2013—2014 年，广西城乡收入差距缩小，且幅度较大；2014 年之后，广西城乡收入差距维持着缩小之后的趋势。在后续的发展过程中比较平稳，随着社会主义市场经济体制的不断完善、互联网经济的不断发展以及精准扶贫工作的深入推进，城乡收入差距会越来越小。

（2）广西三次产业人口分布趋向合理，但属于低端流动，单位人口的工业生产效率"断崖式"下降，单位人口的服务业生产效率十年来仅微幅增长。2008 年，广西三次产业增加值比重为 7.6∶57∶35.4，到 2020 年广西三次产业增加值比重为 16∶32.1∶51.9；2008 年，广西三次产业人口比重为 54.59∶15.15∶30.26，到 2019 年年末广西三次产业人口比重为 48.7∶17.2∶34.1。从广西所处的经济发展阶段情况看，三次产业从业人员从第一产业向第二、第三产业转移，三次产业产值占比中，第二、第三产业产值占比逐步提高，人口和经济的发展在不断协调，逐步趋于合理化。

（3）广西人均财政收入较低，广西地方财政收入比人均财政收入排名靠后。广西人均财政收入从 2008 年的 1 076.45 元增加到 2019 年的 3 653 元，2008 年广西人均财政收入排名在全国居第 27 位，2019 年广西人均财政收入排名在全国居第 11 位，排名有所上升。

——地方财政收入。广西地方财政收入逐年增加，但近几年增长速度放缓。广西地方财政收入从 2008 年的 518.42 亿元增加到 2019 年的 1 811.89 亿元。2008 年，广西地方财政收入在全国排名居第 22 位，2019 年，广西地方财政收入在全国排名居第 22 位，且 2015 年以来增长速度放缓。

（4）广西的社会消费品零售总额增长速度与人均可支配收入相协调。广西的社会消费品零售总额呈增长的趋势，2008 年为 2 252.26 亿元，在 2014 年超过 5 000 亿元，在 2019 年跃上 8 000 亿元的新台阶。2008—2019 年，广西的社会消费品零售总额年均增长速度为 12.47%，居民消费能力不断增强。

（5）广西的进出口总额逐年增加。2019 年，广西全年货物进出口总额为 4 694.702 8 亿元，比 2018 年增长 14.4%。其中，出口 2 597.15 亿元，增长 19.4%；进口 2 097.56 亿元，增长 8.7%。2008—2018 年，广西货物出口增加了 3 790.52 亿元，对外贸易结构进一步优化，质量效益持续提升。

（6）广西全社会固定资产投资不断增长。如表 3-4 所示，从全社会固定资产投资率来看，2008 年广西全社会固定资产投资率为 53.50%，说明广西当年的固定资产投资总额仅为 GDP 的一半，而到 2020 年却达到了 116.96%，固定资产投资规模不断扩大，固定资产投资为 GDP 增长的主要驱动力。

表 3-4　2008—2020 年广西全社会固定资产投资率　　　单位:%

年份	全社会固定资产投资率
2008	53.50
2009	67.50
2010	73.75
2011	68.17
2012	75.25
2013	82.41
2014	88.33
2015	96.58
2016	99.56
2017	110.67
2018	111.60
2019	117.11
2020	116.96

3.2.2 人口与资源、环境协调性现状分析

习近平总书记指出，"绿水青山就是金山银山。"并且提出了绿色 GDP 的概念。以绿色为导向的生态发展观，包括绿色发展观、绿色政绩观、绿色生产方式、绿色生活方式等内涵。随着国家对资源环境的重视，我国政府相继提出了环境友好型社会和资源节约型社会的概念，合称"两型社会"。而人口均衡型社会的提出，丰富了社会建设的内涵，让人们逐渐将人口与资源环境相结合，"两型社会"向"三型社会"升级，构建人口与资源环境相协调的"三位一体"发展战略成为时代发展的热点话题。当前，广西人口与资源、环境协调性现状主要体现在以下几个方面：人口与资源环境开发的均衡程度在不断调适；人均耕地和粮食在下降，人均水资源总体上涨，人均森林覆盖率提高；工业废水排放不断下降；资源环境的总体利用率较低。

（1）从人均耕地面积来看，其浮动较大。随着人口的逐渐增加，人均耕地面积在逐渐减少，从 2008 年的 1 182.64 公顷/万人到 2019 年的 1 222.08 公顷/万人。其间，人均耕地面积变化呈现波动状态，从 2008 年到 2013 年呈增长的趋势，尤其以 2009—2010 年增长速率最大。2013 年以后，人均耕地面积呈下降趋势，2013—2014 年出现大幅度下降，2015—2019 年仍然是下降态势。近年来，广西常住人口城镇化率进程加快，人口增长必定会引起房屋扩建，这在一定程度上造成了人均耕地面积逐渐减少。

（2）从人均粮食产量来看，总体呈现下降趋势。随着人口的逐渐增加，人均粮食产量在逐渐减少。2008 年广西人均粮食产量为 2 895.97 吨/万人，2019 年广西人均粮食产量下降到 2 685.48 吨/万人。其间，2008—2014 年广西人均粮食产量为上升趋势，2014—2019 年广西人均粮食产量变化呈下降状况，尤其以 2016—2017 年下降最为明显。

（3）从人均水资源拥有量来看，广西水资源比较丰富。广西是全国水资源量较丰富的省（自治区、直辖市）之一，2015 年其人均水资源量达到了 5 074 立方米/人。以 2017 年为例，广西人均水资源拥有量在全国排名居第三位，且总体呈上升的趋势。但是，广西人均水资源拥有量波动较大。2009 年、2011 年广西人均水资源拥有量下降到 3 000 立方米左右，受自然因素影响较大，水资源准备稳定性不够充分。

（4）森林覆盖率显著提高。2019 年，广西森林覆盖率达到 62.50% 并处于全国前列，植被生态质量持续好转。2008—2019 年，广西森林覆盖率提高了8.31%。2013—2019 年，广西森林覆盖率增长速度放缓，逐渐趋于平稳，维持在较高水平。2018 年，广西森林覆盖率达到 62.31%，排名全国第三位，且植被生态质量持续好转，广西植被生态质量正常偏好区域超过 95%，比全国平均水平高出 20 个百分点以上[①]。在人口总量不断增长的背景下，加大绿地建设是对环境承载能力的直接提升，有利于保持可持续发展模式，实现人与自然的和谐发展。

（5）人均废水量逐年减少，广西环境治理得到有效改善。环境污染问题已经威胁到我们的生存和发展。目前，我国是世界上环境污染物排放量较大的国家之一。广西人均废水排放量总体呈下降趋势，废水排放量从 2008 年的人均 73.18 吨下降到 2017 年的人均 40.53 吨，降幅达 44.6%。与此同时，从《广西统计年鉴》公布的数据可以看出，城市污水处理能力也在不断提升。

（6）从二氧化硫情况来看，广西二氧化硫逐年减少。2008—2018 年，广西二氧化硫排放量在逐年减少，广西的二氧化硫排放量降低了 747 721.82 万吨，广西的环境污染物排放量控制得到有效体现，居民生活环境得到了较大改善。广西深入贯彻绿色发展、可持续发展理念的效果显著。

（7）广西的湿地面积占辖区面积的比重有所提高。2008—2017 年，广西的湿地面积发展比较稳定；2012—2013 年，广西的湿地面积占辖区面积的比重上升后保持平稳。

3.2.3 人口与社会协调性现状分析

广西人口与社会发展的协调关系良好，全区的基本公共服务均衡化水平不断提高。

（1）积极应对人口老龄化问题，有效开发老年人力资源。例如，2014 年年底，中国社科院党校副校长汪建在广西防城港调研时建议，可以发挥防城港市在养生、环境、房地产等方面的特色，建设一个全国性的"以老养老"示范基地，充分发掘老龄人口的潜在能力，通过有组织的培训，提高老年人自我

---

① 新华网. 数说广西：广西森林覆盖率 62.31% 居全国前列 [EB/OL].（2018-10-25）[2022-04-12]. http://www.gov.cn/xinwen/2018-12/06/content_5346267.htm? cid=303.

服务和自我保健能力。同时，通过建立老年人群居网点，形成老龄人口互助体系，在老龄人口内部化解部分劳动服务需求。

（2）继续实施精准脱贫战略，打赢脱贫攻坚战，实现贫困人口精准脱贫，并有效防止脱贫人口返贫。"十三五"以来，广西全区共筹措城乡困难群众最低生活保障、特困救助供养、临时救助等资金 276.97 亿元，平均每年保障城乡最低生活保障对象 267 万人，平均每年保障特困救助供养对象 26 万人，累计实施临时救助 38.5 万人次。截至 2019 年年底，广西共有城市居民生活最低保障对象 30.51 万人，农村居民生活最低保障对象 247.05 万人，城乡低保平均标准分别达到每人每月 590 元和每人每年 3 812 元，分别较 2015 年年底增长46% 和 49%；广西全区共有城乡特困人员 25 万人，平均基本生活标准分别达到每人每月 767 元和每人每年 4 956 元，照料护理标准按每人每月 390~1 400元发放。

（3）促进妇女全面发展，保护未成年人的成长，保障残疾人合法权益，努力促进社会和谐与公平正义。在促进妇女全面发展方面，广西壮族自治区人民政府印发了《广西残疾人保障和发展"十四五"规划》，从提高残疾人民生保障水平、促进残疾人就业创业、加强残疾人医疗和康复服务、提升残疾人教育和文体服务、保障残疾人合法权益、优化残疾人平等参与环境、夯实残疾人工作基层基础七个方面提出了该区"十四五"残疾人工作的主要任务，明确了 11 项主要指标。2019 年，广西壮族自治区本级财政安排妇女儿童事业发展专项资金 1 600 万元，同比增长 33.33%，其中补助市（县、区）915 万元，同比增长 36.42%。通过加大对市（县、区）的补助，一方面提高市（县、区）妇女儿童事业发展保障水平，另一方面提高其示范效应，引领有能力的市（县、区）也持续加大对妇女儿童事业保障的力度。积极将惜缘婚姻家庭辅导室、两纲示范县补助、家庭教育创新、居家灵活就业、家庭教育示范点创建等项目纳入财政支持范围，更加有利于推进广西妇女儿童事业发展实际需要，不断提高财政扶持资金的使用效益。贯彻落实中央创业担保贷款贴息政策支持妇女创业。2018 年，广西壮族自治区财政拨付筹措贷款贴息资金 7 883 万元，重点支持妇女等特殊困难群体实现创业就业，积极贯彻落实中央创业担保贷款贴息政策，对符合规定的贷款财政给予贴息支持，充分调动金融机构的积极性，引导金融机构加大对妇女创业就业的信贷投放力度，助力大众创业、万众创新。

在保护未成年人的成长方面，持续加大对"儿童之家"创建奖补保障力度。2018年，广西筹措2 409万元支持"儿童之家"创建工作，着力解决农村留守儿童"管、教、护、娱"问题，同时主动督促部分创建工作比较落后的市（县、区）增加创建申报数，着力补齐均衡各市（县、区）创建差异。切实做好农村留守儿童关爱保护经费保障工作。2018年，广西壮族自治区筹措2 000万元，支持全区各地开展农村留守儿童摸底排查工作，通过政府购买服务支持社会工作专业人才为包括农村留守儿童在内的多个困难群体提供个性化、多样化需求，进一步健全评估帮扶机制，切实解决农村留守儿童的困难和问题。切实提高未成年人的教育水平，实现教育全程保障。2018年，广西壮族自治区积极筹措并下达涉及未成年人教育经费累计166.61亿元，实现未成年人教育从幼儿教育、学前教育、义务教育、高中、中专教育全程保障。

在保障残疾人合法权益方面，2018年，广西壮族自治区民政厅、财政厅、扶贫办联合出台了《关于进一步做好成年无业重度残疾人和三、四级精神智力残疾人最低生活保障工作的指导意见》，明确符合条件的困难残疾人，重度残疾人和三、四级精神残疾人享受低保政策，惠及25万残疾人。从政策层面、操作层面解决了残疾人单独纳入低保的问题。"十三五"以来，实施"阳光家园计划"项目，广西壮族自治区财政每年投入资金3 300万元，为2.2万名智力、精神和重度肢体残疾人提供基本生活照料和护理、社会适应能力辅导和运动功能训练等方面服务，项目补贴标准为1 500元/人；深入开展精准康复服务行动，全区配备康复协调员1.4万人，累计为46.96万名残疾人提供基本康复服务。残疾儿童少年义务教育在校残疾学生为25 753人，入学率达90.05%。支持特殊教育学校发展，广西壮族自治区财政投入240.83万元对26所特殊教育学校给予资助，筹集1 607.26万元资助18 123名贫困残疾学生接受学前、义务、中高等教育。

（4）基本公共服务制度体系进一步完善，初步实现广大人民群众都能公平可及地获取大致均等的基本公共服务。加大教育投入力度，加快城乡教育均衡发展，提高教育服务水平。全区普惠性学前教育资源覆盖率达60%，新增义务教育学位 22 万个；学前三年毛入园率从 2015 年的 74.7%增加到 2017 年的 82.7%。通过广西壮族自治区义务教育均衡发展督导评估验收的县从 2016 年的 40%增加到 2017 年的 75.68%；九年义务教育巩固率从 2015 年的 93%增加到 2019 年的 95.2%；高中阶段教育毛入学率从 2015 年的 87%增加到 2019 年的 90.09%。

社会保险覆盖范围持续扩大。2019 年，全区社会保障卡累计持卡人数为 4 690.12 万人，社会保障卡持卡人口覆盖率为 69.1%；2019 年，全区参加基本养老保险人数达到 2 853.20 万人（城镇职工基本养老保险人数为 869.52 万人、城乡居民基本养老保险人数为 1 983.68 万人），参加基本医疗保险人数为 4 986.35 万人，参加失业保险人数为 362.96 万人，参加工伤保险人数为 442.23 万人，参加生育保险人数为 405.93 万人。

不断提高公共卫生服务水平。2019 年，全区人均基本公共卫生服务经费达到 69 元，城乡居民规范化电子建档率为 84.59%。2017 年，广西免费婚检率达 98.72%，居全国首位，重型地中海贫血胎儿医学干预率提高至 99.31%。实施"17 免 2 补"妇幼健康惠民政策。2017 年，广西孕产妇死亡率为 0.012%、婴儿死亡率为 3.51‰。

城乡低保标准和补助水平不断提高。全区城乡低保标准分别从"十二五"末的 373 元/月和 2 304 元/年提高到 2017 年的 518 元/月和 3 338 元/年，城乡低保月人均补助水平分别从"十二五"末的 268 元和 111 元提高到 2017 年的 337 元和 170 元。全区城乡居家和社区养老服务覆盖率分别达到 64%和 46%。全区养老床位数从 2016 年年初的 16.1 万张提高到 2017 年的 18.1 万张，养老床位中护理型床位比例从 2015 年的 18.6%提高到 2017 年的 26.5%。2017 年，广西生活不能自理特困人员集中供养率为 32.2%。

人口内外部均衡的非均衡表现，形成了广西人口均衡发展的人口基础，对促进人口长期均衡发展构成一定的挑战：广西人口内部要素发展水平偏低，但人口内部均衡正逐年趋好；广西人口与经济、资源、社会发展均衡性偏低，外部均衡形势严峻，正在面临来自区内外各种影响因素的挑战。

广西在人均粮食产量、城镇化率、城乡收入比、人均可支配收入、人均 GDP、万人床位数量、二氧化硫排放量七个方面的指标均值要小于全国的指标均值，广西在人均废水排放量、森林覆盖率、人均水资源拥有量、人均耕地面积四个方面的指标均值要大于全国的指标均值，说明人口的外部均衡在不断趋于合理，逐渐缩小与全国指标的差距。

为了更好地了解广西人口均衡发展现状，我们对广西与部分省（自治区、直辖市）的人口现状进行了比较分析，选取广东、浙江、云南、贵州四个省份2008—2019年12年的数据，分别就人口总量与结构、人口出生率死亡率及自然增长状况、人均资源占有及环境承载力、健康状况等主要方面进行比较。浙江与广东为我国经济发达省份，对广西的经济发展具有一定的引领意义，云南、贵州两省则与广西同为西部经济较不发达省份，且都为民族地区，人口与经济具有较大的可比性。分析比较表明，各省（自治区、直辖市）虽然人口总量不同，但是在人口各相对指标上，广西与其他省（自治区、直辖市）相比，经济资源包括人均 GDP、健康状况等方面比发达省（自治区、直辖市）低，与西部云南、贵州两省差别不大，但是在人口老龄化程度、粮食产量反映的自给程度、性别失衡程度等指标较高，人口均衡面临严峻的挑战。

3.3　广西人口均衡发展的优劣势比较分析

3.3.1　广西人口均衡发展的优势比较分析

（1）广西人口生育的积极性较高，人口自然迭代比较稳定。如图 3-5、图 3-6 所示，2008—2019 年，广西人口出生率稳定在 14‰以上的高位，人口自然增长率稳定在 8‰上下。广西人口出生率和自然增长率在过去的 12 年中，一直位居在本次比较的广东、浙江、云南、贵州和广西［以下简称五省（自治区）］的前列。高位的人口出生率、自然增长率对广西缓解人口老龄化、广西经济可持续发展、广西人口政策调控空间有积极的贡献。

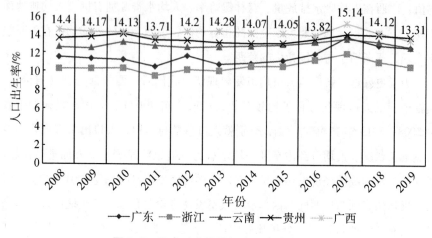

图 3-5 五省（自治区）人口出生率对比

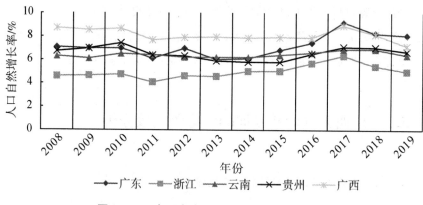

图 3-6 五省（自治区）人口自然增长率对比

（2）康养产业和生活方式的经济潜力巨大。广西人口平均寿命较长，人居环境和长寿基因表现出色，布局养老和康养具有较大的地缘优势。随着人们生活观念的改变，人们越来越注重健康养生和运动。1990 年，广东预期平均寿命最长，云南预期寿命比广东少 0.74 岁，经过 20 年的发展，2020 年广西成为五省（自治区）中预期平均寿命最长的省份，布局养老和康养产业优势突出。

（3）老龄化人力资源和老龄化经济潜力巨大。老年人口占比长期稳定且缓慢增长，部署养老配套政策与养老产业可以充分挖掘和开发广西的老龄人力资源，并对相关省份输出老龄化产业和标准，形成广西老龄化经济的新增长点。如图3-7所示，在五省（自治区）的老龄人口占比增长速度中，广西老龄化经济增长速度最为缓慢，老龄化经济增长速度最快的是浙江，其次是云南、广东、贵州。

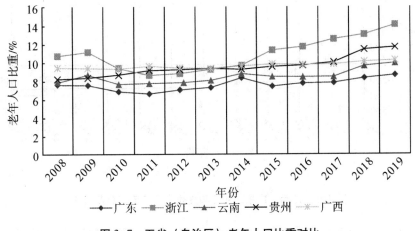

图 3-7　五省（自治区）老年人口比重对比

（4）城乡收入差距快速缩小，扶贫攻坚经验价值较高。从五省（自治区）的城乡收入比来看，广西城乡收入差距缩小的速度排名第一，城乡收入差距直线下降，从2008年的3.83直线下降到2018年的2.61，脱贫工作成效显著，城乡居民携手迈进小康社会的和谐程度较高。广东和浙江的城乡收入比均有下降的趋势。值得注意的是，云南和贵州两省的城乡收入比却逐年递增，从2013年开始呈现直线上升的趋势。

（5）广西人均自然资源占有量高，开发建设"绿水青山经济带"的潜力巨大。广西的人均耕地面积总体保持平稳态势、人均水资源拥有量和人均森林覆盖率处于较高水平，自2012年起便一直位于五省（自治区）首位；广西应聚焦研究科学开发建设"绿水青山经济带"，切实打通从"绿水青山"变成"金山银山"的有效路径。

3.3.2　广西人口均衡发展的劣势比较分析

（1）人口净流出数量巨大，广西本地经济就业容量和就业吸引力不足。广西必须对减少净流出和创造新就业"两手抓"，必须提高新型城镇化和鼓励返乡谋发展"两手硬"，必须区内主动留人和区外主动抢人"两头看"。统计数据表明：2008—2019 年，广东、浙江省的人口一直呈现净流入状态。广西、广东、浙江和贵州人口净流出总量对比见图3-8。

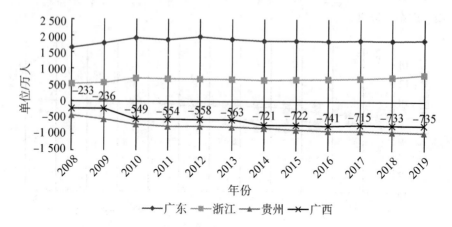

图3-8　广西、广东、浙江和贵州人口净流出总量对比

（2）人口文化素质偏低，对产业升级、人口红利释放有较大束缚。从2008 年至今，广西大专及以上人口占比在五省（自治区）中长期处在最低位置，个别年份中是贵州排名倒数第一。从 2008 年至今的累积占比看，广西大专及以上人口占比总值低于贵州。广西亟须全面提高劳动人口的受教育水平，优先发展高等职业教育，全面提高高等教育毛入学率和劳动人口的综合素质。确保广西产业发展、产业升级有充足的高素质劳动者储备，为释放人口红利、城镇化进程提供扎实的人口基础。

（3）广西人口与经济发展的均衡水平起点较低，"十四五"期间"直线赶超或弯道超车"的难度极大。"十四五"期间，广西必须提振信心，充分把握国家赋予国家的广西的战略定位优势，紧紧抓住产业升级、新型城镇化、广西人口增长的三大红利基本点，深耕细作，尽快促进广西经济"触底反弹"。

3.4　广西人口均衡发展指数的比较分析

《中共中央 国务院关于优化生育政策 促进人口长期均衡发展的决定》提出，建立人口长期均衡发展指标体系，健全人口预测预警制度。根据《社会保障辞典》，人口指数又称人口相对数，是人口统计中用以反映不同时间或地区人口数量特征对比关系的相对指标。它主要用来反映某一人口现象及其过程的发展程度、差别程度、差别强度等。

3.4.1　纵向比较分析

广西人口均衡发展总指数呈现逐年上升的趋势，外部均衡发展指数对总指数贡献程度明显大于内部均衡指数。

如图3-9所示，2008—2017年，广西人口均衡发展总指数呈现逐年上升的趋势，从2008年的0.39上升至2017年0.51，2018年稍有下滑，而2019年则恢复上升的趋势。从内部结构来看，2008—2019年广西人口外部均衡指数均大于内部均衡指数，且两者数值的差距有进一步拉大的趋势，出现"剪刀差"。从该指数的内涵分析，广西人口外部均衡发展效果越来越好，对人口均衡整体发展贡献程度越来越大。但是，广西人口内部均衡发展相对停滞，治理广西人口内部均衡是广西人口均衡发展的首要任务。

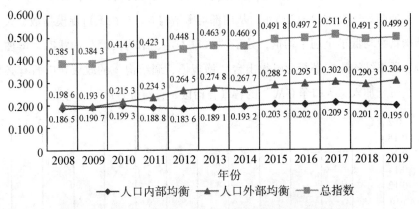

图3-9　2008—2017年广西人口均衡发展指数变动情况

3.4.2　横向比较分析

与典型省份区域对比，广西人口均衡发展总指数排名靠前且呈上升趋势，仅在2009年略微低于广东。

2008—2019年，广西历年人口均衡发展总指数排名靠前，仅次于全国平均水平，高于其余四个省份；2019 年，广西人口均衡发展指数基本与广东持平，而 2017—2019 年这三年广西人口均衡整体发展状态出现了轻微下滑趋势。如图 3-10 所示。

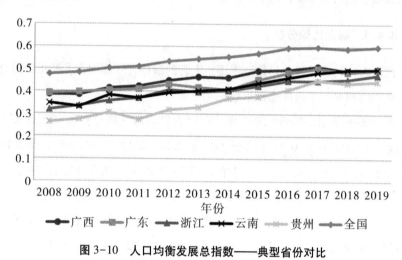

图 3-10　人口均衡发展总指数——典型省份对比

3.4.2.1　从内部均衡结构指数看，广西"内部失衡，处于低位"

如图 3-11、图 3-12 所示，从内部均衡结构看，广西人口规模指数、人口结构指数均低于全国平均值，处于"人口不足、结构失调"的状态，增加人口、调整结构势在必行，亟须出台"增规模、调结构"的政策。广西有必要尽快研究加入"人口争夺战"的省（自治区、直辖市）序列的对策。

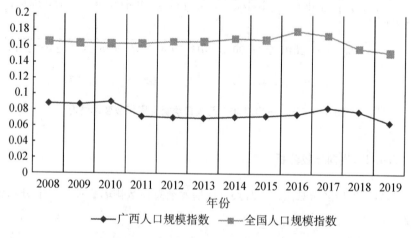

图 3-11　人口规模指数——广西与全国对比

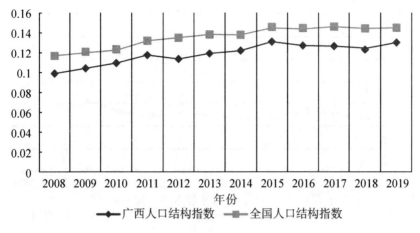

图 3-12　人口结构指数——广西与全国对比

与典型省份人口外部均衡发展指数对比，广西人口外部均衡发展指数排名靠前，与云南分居前两名，且高于全国平均水平，说明广西人口与外部的经济、资源环境、社会的均衡发展状态比较良好；而广西内部均衡发展指数排名处于中间水平，还需进一步提高，以此达到广西人口均衡整体状态提高。见图3-13、图3-14。

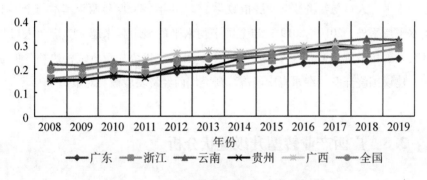

图 3-13　人口外部均衡发展指数——典型省份对比

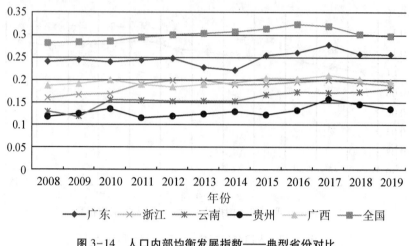

图 3-14　人口内部均衡发展指数——典型省份对比

3.4.2.2　从外部均衡结构指数看，广西人口与经济、社会的关系"久处低位、欠缺动力"

从外部均衡结构指数看，广西人口与经济、社会的关系"久处低位、欠缺动力"。广西人口与资源环境协调优势显著，亟须研究出台围绕开发运用资源环境的经济政策。从 2008 年至今，广西仅在人口与资源环境方面高于全国平均水平，人口与经济社会发展指数除了 2008 年、2009 年两年基本与全国平均水平持平外，2010—2019 年与全国平均水平的差距越来越大。广西人口与社会发展指数则一直低于全国平均水平。根据"优势先行，短板快补"的原则，建议围绕开发"绿水青山经济"研究广西经济发展破局对策。

3.5　广西产业转型升级现状分析

3.5.1　广西三次产业产值比重变化趋势分析

自 2008 年以来，广西的产业结构分布一直是沿着第一、第二产业份额的占比下降和第三产业份额的占比不断上升的趋势进行转变。通过观察图 3-15，对广西产业结构转变的过程进行如下归纳：第三产业份额的占比缓慢增长，所占比重较大。2008 年，广西第三产业占 GDP 的比重为 39.8%，到 2019 年，广西第三产业占 GDP 的比重为 50.7%，超过了 50%。第一、第二产业份额的占比缓慢下降。虽然在 2008—2011 年这四年的时间里，广西第二产业份额的占比缓慢上升，甚至在 2010 年、2011 年超过第三产业份额的占比，2010 年第二产业份额的占比为 40.5%，2011 年第二产业份额的占比为 41.2%。但是，2019 年广西第一产业份额的占比下降到 16%，第二产业份额的占比下降到 33.3%，广西第一、第二产业份额的占比逐渐下降。由此可见，广西因地制宜，集中较大部分力量发展第三产业。

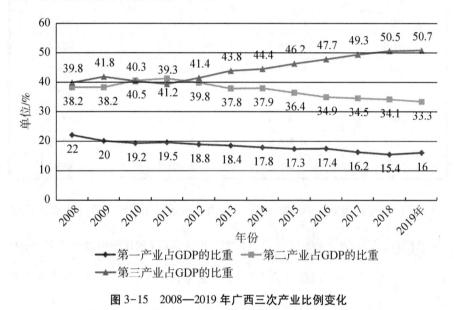

图 3-15　2008—2019 年广西三次产业比例变化

3.5.2　广西三次产业就业结构及比较劳动生产率分析

（1）广西三次产业就业结构发生变化，从业人员中第一产业占比下降。2008—2019 年，广西城乡从业人员第三产业人员变化不明显，第一产业从业人员数逐渐减少，第二产业从业人员数逐渐上升。随着广西经济发展质量逐步提高，产业结构逐步升级，从事第一、第二产业的劳动力人口不断向第三产业转移。如表 3-5 所示，2019 年，广西第一产业虽然所占比重仍是最大，但呈不断下降趋势，到 2019 年年底已比 2018 年低了 5.89 个百分点；2019 年第三产业占比相较于 2008 年有所增加，且呈上升趋势，到 2019 年年底已比 2018 年上升了 3.84 个百分点，可以看到广西三次产业就业结构不断优化升级。

表 3-5　2008—2019 年广西三次产业比较劳动生产率　　　单位:%

年份	第一产业	第二产业	第三产业
2008	0.528 9	3.304 7	1.722 2
2009	0.474 9	2.736 5	2.004 7
2010	0.455 4	2.779 6	1.909 1
2011	0.470 1	2.767 3	1.836 8
2012	0.425 4	2.565 7	1.805 5
2013	0.419 9	2.412 2	1.904 9
2014	0.416 4	2.383 6	1.873 4
2015	0.417 7	2.441 5	1.806 2
2016	0.423 1	2.417 0	1.802 2
2017	0.400 0	2.423 5	1.857 0
2018	0.386 8	2.435 2	1.875 8
2019	0.408 6	2.408 0	1.853 2

（2）比较劳动生产率反映 1% 的劳动力在该部门创造的产值（或收入）比重，计算公式为：$B_i = (\frac{G_i}{G})/(\frac{L_i}{L})$。其中，$B_i$ 为部门 i 的比较劳动生产率，G_i 为部门 i 的产值，L_i 为部门劳动力人数①，G 为地区 GDP，L 为地区劳动力总资源数。

通过分析，第一产业的比较劳动生产率不高，第二产业和第三产业的比较劳动生产率均高于 1，但第三产业的比较劳动生产率并不高。对于第二产业来说，虽然它的比较劳动生产率相较于其他产业较高，但并不是很大，同时还有降低的趋向。经过分析发现，广西三次产业部门之间的劳动力分布与产业发展存在一定程度的不和谐，广西三次产业规模与产业体系匹配度以及部门效率有待提高。

---

① 由于农业部门严格定义失业存在困难，不考虑失业时三次产业从业人员与其劳动力大致等同，因此本书部门劳动力数采用部门从业人员数代替计算。

4 广西人口均衡发展与产业转型
升级的实证关系研究

人口均衡发展与产业转型升级之间存在相互作用的关系。这种作用存在一定的区域性，对于不同的地区可能会有所不同。通过实证研究，探索广西人口均衡发展与产业转型升级之间的关系，分析产业转型升级对劳动力需求的影响机理，对进一步研究人口均衡发展与产业转型升级，为"十四五"期间广西加快推进人口均衡发展、助力经济发展进步出谋划策，具有重要意义。

4.1 实证研究的目的

产业转型升级是转变经济发展方式的必然要求，是经济新常态下经济发展的动力。研究广西地区的产业转型升级对劳动力需求的影响机制具有一定的典型意义。2020 年第七次全国人口普查公布的数据显示，广西劳动人口占比为 64.17%。但《广西统计年鉴（2020）》的统计数据显示，2019 年广西劳动人口占比为 71.1%，劳动力资源利用率为 80.3%，数据显示：广西实际劳动力资源利用率是低于该数值的，广西劳动力资源有待加以充分利用。在脱贫攻坚与乡村振兴衔接的时机，产业转型升级是防止返贫的长效机制之一。通过产业转型升级，可以帮助当地实现产业振兴，带动群众就业。同时，国内国际双循环新发展格局要求，利用好市场优势和内需潜力，提供良好的市场环境和广阔的就业机会。研究劳动力总量和结构的变化，既是民生所需也是经济发展所需。

关于产业转型升级对劳动力需求的影响，不少学者做了相关实证研究。主要归纳为以下三点：一是产业转型升级与劳动力需求之间存在相关关系。产业结构的合理化和高度化可以有效增加就业总量；二是产业转型升级与劳动力需求之间存在相互作用的关系，产业的转型升级也会推动劳动力价格的上涨；三是从要素禀赋与产业结构关系的角度看，要素价格的改变同时会推动产业结构的变迁。在产业转型升级的背景下，劳动力的发展方向是从人口红利到人才红利，将人力资源转变为人力资本。产业结构对就业结构起着决定性的影响作用。运用实证分析法，基于 2000—2019 年广西三次产业产值和就业结构的面板数据，研究广西产业和就业结构偏离度、就业弹性和耦合效应，分析产业转型升级对劳动力需求的影响机理，对进一步研究人口均衡发展与产业转型升级具有重要意义。

4.2　实证分析

数据来源：广西地区的产业经济数据和从业人员数据主要源于 2001—2020 年《广西统计年鉴》；在经济指标的选取上，采用三次产业产值和总产值、三次产业从业人员和总从业人员。

4.2.1　结构偏离度

目前，关于产业与就业结构关系的结构偏离度研究，主流的研究方法如夏建红等（2018）[①]、白文周等（2019）[②] 采用的"结构偏离度＝GDP 的产业构成百分比÷分产业的就业结构百分比-1"的计算方法，由此计算广西产业结构与就业结构的结构偏离度。

结构偏离度表示每个产业增加值的比重与相应劳动力比重的合并程度，衡量产业结构与就业结构间的协调性。结构偏离度为负值，说明产业劳动生产率低，绝对值越大表示剩余劳动力越多，存在劳动力转出的可能性；结构偏离度

[①] 夏建红，矫卫红. 产业与就业结构演变路径及耦合效应分析：以山东省为例 [J]. 经济问题，2018（10）：65-71.

[②] 白文周，杜嘉韵. 安徽省产业与就业结构的偏离度和耦合效应分析 [J]. 长春理工大学学报（社会科学版），2019，32（3）：111-115.

为正值，说明行产业劳动生产率较高，对外部劳动力有吸纳作用。当结构偏离度为 0 时，每一产业投入的劳动生产率等于全社会的劳动生产率，经济处于均衡状态（理想状态）。结构偏离度越趋近于 0，表示产业结构与就业结构越协调。

根据结构偏离度＝GDP 的产业构成百分比÷分产业的就业结构百分比-1 计算得出的偏离度如表4-1所示。其中，总偏离系数为三次产业偏离系数绝对值之和的算术平均数，反映三次产业与就业结构的整体偏离情况。

表4-1　广西产业与就业结构偏离度（2000—2019 年）

年份	第一产业偏离系数	第二产业偏离系数	第三产业偏离系数	总偏离系数
2000	-0.56	2.25	0.36	1.06
2001	-0.58	2.17	0.44	1.06
2002	-0.61	2.22	0.48	1.10
2003	-0.61	2.25	0.42	1.09
2004	-0.59	2.37	0.27	1.07
2005	-0.60	2.11	0.27	0.99
2006	-0.61	2.21	0.21	1.01
2007	-0.62	1.69	0.28	0.86
2008	-0.63	1.80	0.23	0.89
2009	-0.66	1.41	0.39	0.82
2010	-0.68	1.51	0.30	0.83
2011	-0.67	1.53	0.24	0.81
2012	-0.69	1.55	0.28	0.84
2013	-0.69	1.51	0.29	0.83
2014	-0.70	1.42	0.31	0.81
2015	-0.70	1.52	0.24	0.82
2016	-0.70	1.57	0.22	0.83
2017	-0.69	1.30	0.35	0.78
2018	-0.70	1.29	0.36	0.78
2019	-0.67	0.93	0.49	0.70

（1）第一产业劳动生产率偏低，剩余劳动力较多。由表4-1可知，2000—2019年广西地区产业与就业结构偏离度均小于0，且绝对值呈略微扩大趋势。这说明第一产业会对劳动力产生"排挤"作用。尤其是自2014年后，结构偏离度绝对值维持在较高水平，第一产业劳动力呈现明显过剩的现象。广西地区以小农经济为主，现代化程度不高，经济收益较低，大量劳动力急需向其他产业转移，对社会而言存在潜在的就业压力。

（2）第二产业结构偏离度较大，对劳动力需求较大。2000—2006年广西地区第二产业结构偏离系数均大于2，自2007年后有下降趋势，但2007—2019年其结构偏离系数仍大于1。第二产业对劳动力有吸纳作用，且吸纳作用较强。结合目前广西第二产业的发展面临发展动能不足、发展势头减弱等问题，第二产业对劳动力的吸纳作用还有很大的发展空间。

（3）第三产业近年发展较快，吸纳大量劳动力就业。第三产业为正偏离，2000—2019年偏离系数在0.22~0.49，均值为0.32。由于第三产业具有从业壁垒低、行业多元化、专业程度普遍要求低等特点，第三产业对于劳动力具有一定的吸纳能力。但是，目前广西地区第三产业发展仍然存在结构不合理、现代化程度不高、创新性不足等问题，与发达地区仍有较大差距。

4.2.2　就业弹性

为避免单一指标存在误差的可能性，我们同时引入就业弹性指标。就业弹性指标可以反映经济增长对劳动力就业的影响。当弹性系数为正时，其绝对值越大表示经济增长对就业的拉动效果越明显；当弹性系数为负时，其绝对值越大表示经济增长对就业的"挤出"效应越大。参考邓宏图（2020）[①]、夏建红（2018）[②] 关于就业弹性的研究方法，设定就业弹性＝分产业的就业增长率÷该产业的产值增长率。得出的结果如下：

由表4-2可知，广西总体就业弹性在-0.51~0.11，均值为0.04，除2012年为负值外，其余年份的就业弹性均为正值，说明经济增长对就业有一定的拉

---

① 邓宏图，杨芸. 转型升级、产业选择与劳动力迁移：基于55个城市2009—2016年的面板数据分析与政策效应的经济解释 [J]. 河北师范大学学报（哲学社会科学版），2020，43（5）：94-109.
② 夏建红，矫卫红. 产业与就业结构演变路径及耦合效应分析：以山东省为例 [J]. 经济问题，2018（10）：65-71.

动作用，但拉动程度不大。2001—2019 年，广西年均经济每增长 1 个百分点，就业相应增加 0.04 个百分点。从变化趋势来看，2006—2007 年、2009—2012 年、2015—2018 年广西经济增长均呈下降趋势，其中 2012 年出现较大程度下跌，2018 年前后的就业弹性均在 0.2 附近波动，经济增长对就业的拉动有衰减趋势。2001—2019 年广西 GDP 年均增长 13.2%，但就业年均增长率仅为 0.57%。这说明广西经济增长并不完全依赖劳动力和资本投入，其他方面如技术水平的提高可能是经济增长的重要因素。

表 4-2 广西三次产业的就业弹性（2001—2019）

年份	第一产业就业弹性	第二产业就业弹性	第三产业就业弹性	总弹性
2001	-0.02	-0.21	0.12	0.05
2002	0.06	-0.19	0.11	0.04
2003	-0.05	0.21	0.29	0.04
2004	-0.09	0.11	0.54	0.09
2005	-0.07	0.59	0.18	0.11
2006	0.01	0.15	0.31	0.11
2007	0.00	0.87	-0.43	0.01
2008	0.03	0.05	0.12	0.05
2009	7.71	1.92	-1.00	0.22
2010	0.04	0.17	0.13	0.08
2011	-0.02	0.11	0.16	0.05
2012	-0.88	-0.74	-0.34	-0.51
2013	-0.03	0.18	0.09	0.05
2014	-0.64	0.31	0.26	0.05
2015	-0.25	-0.93	0.94	0.12
2016	-0.03	-0.35	0.39	0.08
2017	-0.19	0.04	0.09	0.03
2018	-0.16	-0.13	0.18	0.02
2019	-0.09	0.01	0.14	0.04

分三次产业来看：

第一产业就业弹性主要为负值，仅在 6 个年份出现正值。2009 年广西就业弹性系数明显增加，原因为当年第一产业就业人数增加 2.18%，但产值仅增长 0.28%。第一产业产值年均增长率为 10.17%，而年均就业增长率为 -0.64%，说明对于第一产业来说，经济增长对就业有明显的"挤出"作用，这也是技术进步和产业升级的必然结果。2003—2005 年、2011—2019 年广西第一产业就业弹性均为负值，除 2009 年外，其余就业弹性为正值的年份也在数值 0.03 附近，说明近 20 年广西第一产业劳动力大多数年份都在向第二、第三产业转移，但劳动力数量的减少并没有带来产值的下降，反而是持续增长。2019 年广西第一产业产值较 2000 年增长 507.8%，先进的科学技术和现代农业的管理理念是第一产业经济增长的根本保证。

第二产业就业弹性在 6 个年份出现负值，说明第二产业经济增长对就业有拉动作用。2001—2019 年，广西第二产业年均产值增长率为 13.35%，年均就业增长率为 3.34%，经济增长率是就业增长率的近 4 倍。总体来说，2001—2009 年，广西第二产业经济增长对就业拉动呈上升趋势，2009 年达到峰值 1.92，随后出现整体性下降趋势，近 5 年有 3 次出现负值。这说明 2009 年前广西第二产业经济增长对就业的拉动作用较为明显，但近年来屡次出现"挤出"现象，可能是由于前期发展的第二产业已经面临落后甚至"淘汰"危机，对就业已经无法起到很好的拉动作用，急需对原有的第二产业进行产业转型或升级。

第三产业就业弹性主要为正值。广西第三产业就业弹性自 2009 年后呈浮动性上升趋势，自 2017 年后呈现较低水平的正值，在 0.09~0.18 之间。第三产业均值为 0.12，即第三产业产值每增加 1 个百分点，就业岗位增加 0.12 个百分点。2005—2011 年第三产业就业弹性小于第三产业，2011 年出现转折，2011—2019 年第三产业就业弹性均大于第二产业，说明 2011 年后广西第三产业对就业的拉动力越过第二产业。2000—2019 年，第三产业年均产值增长 14.79%，年均就业增长 1.73%。虽然第三产业的产值增长速度略高于第二产业，但年均就业增长率却低于第二产业，可以解释为广西第三产业劳动生产率高于第二产业。

由此可知，用结构偏离度和就业弹性两个指标分析产业结构对就业结构的影响机制具有相同的结论。第一产业对就业主要表现为"挤出"作用，产值的增加会降低就业；第二产业与第三产业对就业均主要表现为"吸纳"作用，但第二产业近年面临产业转型升级的困境，对就业的拉动作用较弱；第三产业的劳动生产率更高，对就业的拉动力更强。

4.2.3　耦合效应分析

（1）耦合关系式

$$\text{labor}_i = \beta_0 + \beta_1 \text{GDP}_i + \beta_2 \text{science} + \beta_3 \text{FDI} + \beta_4 \text{export} + \varepsilon, \quad i = 1, 2, 3$$

其中，labor_i 表示三次产业从业人员数占总从业人员数的比重，GDP_i 表示广西地区三次产业产出值占当年总产值的比重，β_1 为参数，表示耦合度。science、FDI、export 为控制变量，分别表示科研机构数、外商直接投资占 GDP 的比重、出口总额占 GDP 的比重。这三个变量均为除产业结构外对就业结构产生影响的因素，所以选其为控制变量。通过 Eviews 软件进行多元回归，得出耦合度 β_1。

①外商直接投资占 GDP 的比重：参考白玉华等（2014）关于广西就业结构演进的研究，引入外商直接投资占 GDP 的比重变量。国内研究通常认为，外商直接投资对中西部较不发达地区的经济拉动作用比对东部发达地区大；同时，广西作为面向东盟经济开放的门户，外商投资对广西经济的影响日益增大。

②出口总额占 GDP 的比重：2019 年广西出口总额为 2 597.15 亿元，占 GDP 的比重为 12.23%，较 2000 年的占比增加 6.29%。在东盟自由贸易区建成后，出口贸易对于广西经济的带动作用越来越大。在对外贸易中，出口产业面临巨大的成长机遇，这些产业生产要素的增加必然会对就业结构产生影响。

③科研机构数：全社会固定资产投资和另两个控制变量存在很大的相关性，存在共线性问题，根据部分学者对于科技发展水平的研究，选择科研机构数这一变量来衡量科技发展水平。

（2）实证结果

第一产业产值与就业结构之间的耦合关系：

对 2000—2019 年第一产业产值占总产值的比重与从业人数占总从业人数的比重做回归预测，以第一产业从业人数占总从业人员数的比重作为因变量，第一产业产值占当年总产值的比重作为自变量，全社会固定资产投资总额、外商投资占 GDP 的比重和当年出口额占 GDP 的比重作为控制变量，得出以下方程：

$$labor_1 = 0.93 - 1.18GDP_1 - 2.08 \times 10^{-5}science - 2.80FDI + 8.36export + \varepsilon \quad (4-1)$$

$$R^2 = 0.97, \quad F = 127.26$$

方程（4-1）中，GDP_1 系数的 $P < 0.05$，在 5% 的显著性水平下，通过了显著性检验，R^2 具有统计学意义。因此，对于第一产业的从业人数，第一产业产值占当年总产值的比重可以解释约 97% 的就业人数比重，第一产业产值每增加 1 个百分点，第一产业从业人数占总从业人数的比重将会减少 1.18 个百分点。

第二产业产值与就业结构之间的耦合关系：

$$labor_2 = -0.08 + 0.42GDP_2 - 2.30 \times 10^{-5}science + 0.70FDI - 0.27export + \varepsilon$$

$$(4-2)$$

$$R^2 = 0.95, \quad F = 64.99$$

方程（4-2）中，GDP_2 系数的 $P < 0.05$，在 5% 的显著性水平下，通过了显著性检验，R^2 具有统计学意义。因此，对于第二产业的从业人数，第二产业产值占当年总产值的比重可以解释约 95% 的就业人数比重，第二产业产值每增加 1 个百分点，第二产业从业人数占总从业人数的比重将会增加 0.42 个百分点。

第三产业产值与就业结构之间的耦合关系：

$$labor_3 = 0.18 + 0.40GDP_3 - 2.58 \times 10^{-5}science + 0.01FDI - 2.10export + \varepsilon \quad (4-3)$$

$$R^2 = 0.71, \quad F = 9.09$$

方程（4-3）中，GDP_3 系数的 $P < 0.05$，在 5% 的显著性水平下，通过了显著性检验，R^2 具有统计学意义。因此，对于第三产业的从业人数，第三产业产值占当年总产值的比重可以解释约 71% 的就业人数比重，第三产业产值每增加 1 个百分点，第三产业从业人数占总从业人数的比重将会增加 0.4 个百分点。

由此可知，三次产业与就业结构之间均存在耦合关系。其中，第一产业的产业结构对就业结构的影响最大，表现为"挤出"效应，产值所占比例的增加导致从业人员比例的下降；第二产业、第三产业产值比例的增加均导致从业人数增加，第二产业产值比例的增加对就业结构的影响更大。以上均同采用结构偏离度、就业弹性两个指标对产业结构与就业结构分析，所得的结果一致。此外，外商投资、出口总额同时对就业结构产生影响。

4.3 产业转型升级对人口需求的影响机理

实证研究证明，第一产业对就业表现为"挤出"作用，产值的增加会导致就业比例的降低；第二、第三产业对就业表现为"吸纳"作用，产值的增加会增加就业比例。见图4-1。

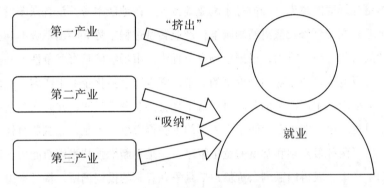

图4-1 三次产业对就业结构的影响

产业转型升级是一个迭代的过程，意味着由高耗能、高污染到低耗能、低污染的转变，从粗放型产业向密集型产业的升级。2020年7月，广西深入推进"千企技改"工程新闻发布会在广西南宁举行，会议提出"技术改造是工业企业转型升级和提质增效的重要途径"。对于第一产业和第二产业，产业转型升级要求提升工艺装备、制造技术，合理运用智能化，扩大优质产能。进入21世纪以后，第三产业尤其是邮电通信业和交通运输业发展迅猛，现代化程度位于世界前列，产业转型升级中需要优化产业结构、提高市场化程度等。因此，产业转型升级势必会对劳动力的需求产生一定的影响。

4.3.1 部分劳动力被替代

根据劳动力替代效应理论，技术进步对于就业会产生消极的抑制效应和积极的创造效应（Aghion & Howitt，1994）。替代效应是指人工智能等新技术生产优势相对于普通劳动者而言更具生产竞争优势，提高了资本生产效率，降低了生产要素成本，促使企业使用更廉价的机器资本替代劳动①。人工智能对就业的影响既存在替代效应又具备创新效应，替代效应会导致部分劳动力失业，创新效应又会产生新的劳动力需求②。一方面，改革开放以来，由于我国低廉的劳动力成本和优惠的土地税收政策等原因，大量外资企业陆续涌入，我国一度成为制造业大国，广西、广东、福建等地拥有不少外资企业的厂房，也吸纳了众多劳动密集型产业的劳动力。随着我国经济的发展，土地成本和人工成本逐年增加，尤其是自 2008 年金融危机之后，大部分外资企业将厂房搬迁至人工成本更为低廉的越南、老挝等东南亚地区。广西地区本身并没有众多发达的工业企业，在受到外资撤离的影响下，产业转型过程中势必会出现资本和技术对劳动的替代。另一方面，根据市场竞争理论，市场经济具有竞争性。马克思认为，市场竞争来源于对剩余价值的追求，资本家会强化企业生产剩余价值的能力，推动产品生产的个别劳动时间低于社会必要劳动时间，并介入剩余价值的分配过程，尽可能地在利润率高的部门中获得市场。于是，大机器时代的企业中产生了两种最基础和常见的竞争策略：一是不断增强技术创新能力，以提高劳动生产率，获得超额剩余价值；二是争夺有利的投资场所，将资本由利润率低的部门转投到利润率高的部门③。所以，在全球竞争背景下，外资企业将制造厂房搬迁至生产成本更低、利润率更高的东南亚地区，而在时代进步、技术创新的驱动之下，人工智能对部分技术含量低、重复性劳动力的替代已成为一种趋势，导致部分劳动力面临被替代的风险。

同时，产业转型升级会出现一批新兴行业，如国际金融保险服务、跨境电商、智能化产业、地理特色农产品等。原有的劳动密集型产业对劳动力的吸纳能力高，而新兴行业不能直接全部吸纳传统产业的劳动力，从而导致就业减少，一批劳动力面临失业的风险。

4.3.2　专业型人才需求量上升

根据我国人才学理论体系，人才的定义是需要以其创造性劳动为社会作出

---

①　王军，常红. 人工智能对劳动力市场影响研究进展 [J]. 经济学动态，2021（8）：146-160.

②　魏巍. 人工智能就业创新效应补偿了替代效应吗? [J]. 企业经济，2021（7）：137-145.

③　刘皓琰. 马克思企业竞争理论与数字经济时代的企业竞争 [J]. 马克思主义研究，2021（10）：83-92.

较大贡献的人①。科学人才观是对马克思主义人才理论的继承和发展，科学人才观的基础理论包括人才资源是第一资源的观念、人人都能成才的价值导向、以用为本的实践要义、服务发展的基本宗旨，其关键在于大力推进人才队伍建设。其中，党政人才、企业经营管理人才、专业技术人才"三支队伍"是我国人才队伍的主体，而专业技术人才是其中的关键组成部分。所以，需要在着力扩大专业技术人才队伍规模、优化队伍结构、提高创新能力的基础上，重点培养造就高层次专业型人才②。一方面，产业转型升级中随着技术的进步和领域的创新，会出现一批新兴行业。它们对于劳动力也会有新的需求，如特殊地理位置、掌握专业技能、熟悉领域规则等。另一方面，产业转型升级伴随产业向高技术领域发展，形成新的产业集群，对高知识、高技能人才的需求量也日益增加，对人才的专业化水平要求也会随着提高。例如，数字信息化产业的发展，传统的收付款业务让渡智能支付，企业对于网络安全技术、开发类人才的需求上涨；机械智能化产业发展，传统流水线作业工人被取代，企业对专业机械操作人员、专业机械命令编码人员、流程优化设计人员的需求上涨；人机互动机器人行业的发展，医院、银行、保险公司等企业的前台接待工作人员被取代，产品设计、开发人员需求上涨等。

以林业为例，广西拥有丰富的林业资源，木材加工业、油茶籽、八角等林产品生产业都是广西的重要经济组成部分。2000—2019 年，广西林业产值由38.76 亿元增长至 410.54 亿元（见图 4-2）。2019 年广西林业产值占总产值的比重为 1.93%，较 2000 年仅增加 0.07%。由此可知，广西林业的发展是落后于整体经济发展的。以木材加工为例，目前广西林业按单板行业大部分是家庭小作坊、中小企业，加工操作技术相对简单，一般不需要学习太多的专业知识，工人跟班一段时间就能独立操作生产。但是，由于缺乏先进的设备、科学的管理，利润较低，缺乏产品质量标准，市场竞争力不强③。在产业转型升级中，除了先进设备的引进外，主要还是专业技工的培育。通过引进专业化管理

---

① 刘召峰，孙大伟. 历史性自觉与马克思主义人才理论的奠基和发展：马克思、列宁、毛泽东人才思想述论 [J]. 贵州社会科学，2015（11）：10-16.

② 胡雪梅. 科学人才观的理论内涵和实践路径 [J]. 领导科学，2012（23）：9-13.

③ 李书旺，朱丽君. 产业转型新形势下广西林业按单板加工技术人才培育的研究 [J]. 经济师，2020（4）：146，148.

人才，实施科学的生产管理规范，稳定产品品质，加强质量监督，提高生产效率和生产利润。

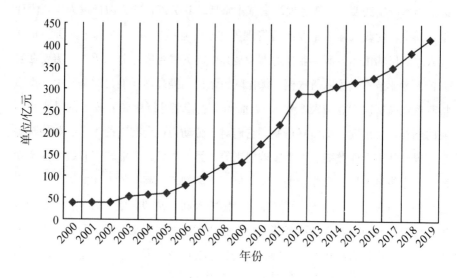

图 4-2　2000—2019 年广西林业产值

4.3.3　劳动力结构改变，农村地区中青年劳动力出现回流

根据人口流动理论，发展中国家的农村中存在大量以边际生产率为零的剩余劳动力，只要城市部门的工资水平高于农村固定的维持生计的工资水平，就会吸引农村剩余劳动力流入城市，直到农村剩余劳动力全部转移到城市为止，这个过程促进了整个经济的发展①。马克思、恩格斯的城乡关系理论认为，社会分工、产业融合及科学技术是促进城乡劳动力流动的重要因素。在城乡融合背景下，劳动力流动困境的解决关键是在发展农村生产力的基础上进一步推动农村劳动力分工，以三产融合进一步突破劳动力流动的城乡二元体制壁垒，以加强科学技术的普及与应用为促进城乡劳动力流动创造条件②。劳动力的流动性是必然的，劳动力结构的改变也会对劳动力流动产生影响，需要遵循客观规律，在新的发展背景下促进劳动力回流，助力广西产业发展。广西的第一产

---

① 马颖，朱红艳. 发展经济学人口流动理论的新发展 [J]. 国外社会科学，2007 (3)：11-18.

② 苗智慧，方前移. 城乡融合背景下劳动力流动困境及解决路径探析 [J]. 绥化学院学报，2022 (2)：15-18.

业，尤其是农业在全国处于重要地位，但是以往的发展均以小农经济为主，以往小农经济的种植方式导致出现生产物品控制难、缺乏规模化的问题，种植利润低使得中青年劳动力更倾向于外出务工，劳动力大量流失，出现大量中青年劳动力外流、部分农田荒废的情况。产业转型升级势必会伴随劳动力的流动，但是如果当地政府的政策实施无法契合地方优势，无论是在地方产业基础薄弱阶段进行产业转型升级，还是在政府引导下"过早"地在明显具有比较优势的产业环节上推进产业转型升级，都可能造成劳动力的流出。对于农、林、牧、渔业来说，产业转型升级除了需要先进的技术和专业的设备外，也需要熟悉当地情况的劳动力。改革开放使得部分城市飞速发展，吸纳了大量的农村劳动力。而随着世界主要经济体经济增长速度的放缓，我国经济发展也进入新常态时期，经济增长由高速增长转变为中高速增长。由此，部分农村劳动力由于溢出效应将难以在原务工地区继续发展，此时若原生地区在产业转型升级中有新的产业或有较好的工作机会，将会出现劳动力回流的现象。

5 促进广西产业转型升级的人口发展支撑策略

党的十八大以来，广西积极实施人口均衡发展战略，推出和实施了一批促进人口内部均衡和人口外部均衡的政策。人口内部均衡政策包括《国家人口发展规划（2016—2030）》《广西人口发展规划（2016—2030）》《国务院关于印发"十三五"促进民族地区和人口较少民族发展规划的通知》《广西壮族自治区人民政府关于贯彻落实国家"十三五"促进民族地区和人口较少民族发展规划的实施意见》《广西壮族自治区人民政府关于加快大健康产业发展的若干意见》等；人口外部均衡政策包括《广西乡村振兴战略规划（2018—2022年)》《广西全面对接粤港澳大湾区实施方案（2019—2021年）》、中国（广西）自由贸易试验区建立及防城港国际医学开放实验区建设等。同时，随着"一带一路"建设、广西与东盟经贸合作进一步深入与加强，多种促进广西区域经济发展、人口外部均衡的政策纷纷出台。这一系列利好政策规划的落户，将会为"十四五"期间广西加快推进人口均衡发展带来更加优越的政策机遇，为广西未来经济社会全面发展提供了良好的先决条件。

5.1 贯彻落实新发展理念

党的十九大报告指出，要如期完成全面建成小康社会的宏伟目标，我们必须要切实贯彻创新、协调、绿色、开放、共享的新发展理念。其中，"绿色"是新发展理念中的一个重要概念，体现了发展必须与资源环境相协调的绿色发展观。绿水青山本身是一种有利资源，经济发展的过程中必须切实贯彻绿色发展理念，坚持走经济发展与生态环境和谐共生的双赢发展道路。人口、资源、环境、经济社会协调发展是衡量人与自然、人与社会生活之间相互关系的重要范畴，在可持续发展理论、科学发展观、习近平生态文明思想的指导下，国内学者从不同的角度深入研究，并提出了若干种关于人口、资源环境与社会协调发展的理论。其内涵的基本特征表现在以下几个方面：一是将人口、资源和环境视为社会经济发展的基础，二是在发展速度、结构、质量、效益等维度上的适应和统一，三是以发展过程中的良性循环为最终目标，四是实现以人为本[①]。蔡绍洪、谷城等（2022）通过构建西部地区人口—资源—环境—经济四系统评价指标体系，基于熵权法、耦合协调度模型测算2009—2019年我国西部地区子系统发展指数及系统耦合协调度，借助探索性空间数据分析模型与ArcGIS软件从时间和空间两个维度探讨协调度情况。研究发现，我国西部地区人口、环境与经济发展指数稳定提升，资源发展指数有较大波动[②]。王利香等（2019）以灰色关联系数为理论基础，通过构建人口结构与资源环境系统耦合的指标体系，利用灰色关联度模型对2013年中国内地31个省（自治区、直辖市）的人口结构与资源环境两个系统的灰色关联度测算了人口结构与资源环境的系统耦合度，并对各地区的人口结构与资源环境系统耦合类型的空间分布情况进行了分析，结果显示，人口结构各变量中与资源环境的关联度最大的是中等教育人口量和城镇人口数量，关联度最小的是文盲人口数量[③]。

　　人力资源是区域经济发展必不可少的因素之一，而资源环境要素是区域经济发展的重要因素条件，广西对于人口与资源环境之间的长期均衡关系的探索也从未止步。2003年1月，广西壮族自治区党委书记曹伯纯在广西人口资源环境工作座谈会上指出，正确处理好发展人口与资源环境的关系，实行计划生育、保护资源、保持良好的生态环境的基本国策，牢固树立持久作战的思想，依法管理，强化服务，创新体制，扎实推进，实现经济社会发展与人口资源环

　　① 熊升银，周葵，刘思岑. 人口、资源、环境与经济社会协调发展研究述评与展望 [J]. 广西社会科学，2020（8）：62-68.

　　② 蔡绍洪，谷城，张再杰. 时空演化视角下我国西部地区人口—资源—环境—经济协调发展研究 [J]. 生态经济，2022（2）：168-175.

　　③ 王利香. 中国人口结构与资源环境耦合的灰色关联分析 [J]. 高师理科学刊，2019（6）：26-30.

境的良性循环、和谐统一。而随着时代的发展，人口增长趋势得到有效控制，我国人口面临人口红利式微、老龄化严重的新形势与新挑战，广西要想实现发展，必须立足于当下的动态人口形势，与时俱进，贯彻落实新发展理念。《广西人口发展规划（2016—2030）》提出，保持适度生育水平、积极应对人口老龄化、创建人与自然和谐共生示范区、使人口分布与自然禀赋、经济基础和资源环境承载力相适应等重要指导思想。朱帮助等（2019）采用1978—2017年广西宏观社会经济数据，引入产业结构合理化和高度化指标测度广西产业结构调整，构建非期望产出超效率SBM模型测算广西绿色发展效率，建立基于多元时间序列的产业结构调整对绿色发展效率影响模型，考察广西产业结构调整对绿色发展效率的影响方向、影响程度与影响模式，结果表明，广西产业结构调整、产业结构合理化及产业结构高度化均提高了绿色发展效率①。可见，产业结构与绿色发展效率之间存在密不可分的联系。总体而言，新形势下的发展理念主要是，依旧坚定人口与资源环境长期协调发展的指导原则，立足人口红利式微、人口老龄化的动态发展形势，探索创新将人力资源、自然资源转化为产业变革、经济发展动力的新路径。其主要创新之处是，基于价值创造理论，将对环境资源的被动保护转为主动创造价值，发挥资源禀赋的优势，将"青山绿水"变成"金山银山"。

广西物质资源丰富，生态环境良好，具有得天独厚的自然资源优势。坚持绿色发展观，促进人口结构、产业发展与资源环境相协调，是广西发展道路上必须遵守的原则。通过促使广西的人口资源转变成人力资源，提高人力资源收益率、探索科学开发"青山绿水"变成"金山银山"的有效路径，提高人均资源综合利用率和经济发展贡献力、守住自然资源资产负债表底线等方式，贯彻落实绿色新发展理念，刻不容缓。

5.1.1 提高人均资源效率和环境代价的认知水平与行动能力

（1）要研究启动"绿水青山经济带"建设，树立"尊重自然、顺应自然、保护自然"的生态文明理念，增强全民节约意识、环保意识、生态意识，营造人人、事事、时时崇尚生态文明的良好氛围。深入贯彻绿色发展理念，增强

---

① 朱帮助. 产业结构调整对绿色发展效率影响的实证研究：以广西为例 [J]. 广西社会科学，2019（8）：50-56.

广西人口均衡发展的资源意识和环境责任感；加强宣传，通过新闻媒体、互联网、面对面宣传等渠道，宣传生态知识及环保观念，推出环保宣传片，通过具有视觉冲击的现代化宣传设计使环保宣传深入人心；加强环保文化建设，如鼓励环保题材、生态经济题材的影视文化作品的创作，使保护环境、崇尚环保成为一种新时代风尚，在生活当中潜移默化地影响人们的行为；鼓励各单位、企业大力开展环保教育活动，如植树造林活动，赴生态示范基地、生态科学展馆实地参观学习的系列活动等，增强每个人的参与感和其生态环保意识；发挥党员的带头作用，发挥社会知名人士的号召力和影响力，从生活中的每一件小事做起，以身作则，带动身边人增强节约意识、环保意识、生态意识；加强教育行业相关生态环保课程的研究设计，追本溯源，从娃娃抓起，使其在认知形成的初始阶段便形成保护环境的意识；推广绿色健康产品，从与人们生活息息相关的必需品着手，利用利益相关理论的影响机制，通过消费形成潮流，最终影响意识形态；在资源可承受范围内，合理开发、利用广西自然资源，改善、调整、关闭重污染产业，引进、培植轻污染产业，提高资源利用率，确保广西人与自然、社会协调、健康和可持续发展。

（2）要重点推进对水、土地、矿产资源的节约和合理利用，提高资源综合利用效率。广西的人均水资源拥有量、人均森林覆盖率相对较高，要加强绿水青山价值变现的路径研究，发挥有利的资源优势。具体措施如下：一是兴修水利，防治水害，实现水库的储水功能、防涝防旱功能、生态旅游功能一体化发展；二是涵养水源，植树造林，育山固土，控制土壤沙化、降低水土流失，实现人口与自然、资源的协调发展；创新技术，发展节水工业、节水农业，增强节水意识，努力建设节水型社会，提高水资源利用效率；三是研究开发新兴净水工艺、新兴工业废水的处理工艺，提高效果，降低成本，并鼓励企业自觉承担社会责任，严格遵守相关工业废水排放标准，实现水资源的有效循环利用；四是提高环保技术水平，做好水污染治理工作，强化污染物源头和污染源重点控制，利用生态恢复机制，借鉴推广成功的水污染治理案例，如那考河净水梯田污水节流等，积极创新，实现发展与治理并举；五是完善相关监管体系、问责体系，推行环境税，加大对违规破坏水资源的企业或个人的处罚力度，使其不能犯、不敢犯、不想犯；六是推进干部绿色考评制度建设，明确生态环保责任，树立环保信用概念并落实相关机制，使环境治理责任明确到人，治理推进井然有序；七是将生态保护、产业开发等作为关键指标纳入地方绩效考评机制，确定为长期建设的专项债券资金考虑的重点，财政资金拨款金额的考虑因素；八是加强对桉树种植的管理和相关研究，禁止在饮用水水源保护地上种植桉树，并加大监管及处罚力度，完善相关已种植桉树的退出机制及配套政策，避免短期趋利性损害广西的水土资源，影响产业及经济发展的长期利益。

（3）生态经济发展，必须联合协同周边省区，研究启动"绿水青山经济带"建设和规划。建设人与自然和谐共生示范区，有针对性地发挥重要资源战略地区的生态功能，如河池、百色、崇左等市，应严格保护生态环境，控制限制开发区域和禁止开发区域人口规模，有序推进生态移民，鼓励引导人口向重点开发县和城镇集聚，使人口分布与自然禀赋、经济基础和资源环境承载力相适应；在全局视角下规划城镇化发展战略，按不同地区的特色资源、功能要素制定发展方向及发展规划，提高人口城镇化质量，完善相关基础配套设施，加强产业链的上下游产业在地理分布、供需关系上的紧密联系，发挥相互协同发展的效应；提高重点开发县和城镇土地利用效率与人口综合承载能力，通过合理的新兴科技手段提高资源利用率，加强土地集中化，降低开发成本，盘活闲置土地；加大投入力度，加强政策扶持，招商引资，引进社会资本，学习先进企业的管理模式，发挥龙头企业的带头作用；发展特色旅游业、挖掘历史文化名城的历史文化内涵、民族聚集地区的民族文化内涵、保护非物质文化遗产，开发采摘体验式生态果园、高科技生态农业实验基地等，有效利用自然资源优势，将资源要素投入由环境损耗型工业逐渐向环境友好型生态产业转移，以环境资源带动经济发展，实现经济与资源环境的相互促进、协同发展；支持产、学、研、用融合，加强新型农产品研究开发、利用现代管理手段、大数据电商平台帮助其市场化，加强二次加工农产品的工业化、批量化、规模化；推进环保绿色产业供给侧结构性改革，补齐科技创新和产业发展环境短板，努力推进供需协同，降低企业成本，优化要素配置；建立大学生创业孵化基地，鼓励大学生回乡创业，助力环境资源丰富的贫困地区产业发展，成为推动绿水青山经济带建设的先锋力量。

5.1.2　建立自然资源资产负债表核算和公开制度

坚守自然资源资产负债底线，列出人均自然资源负债的负面指标清单。自然资源资产负债表能够反映区域经济发展的资源消耗、环境代价和生态效益，编制自然资源资产负债表，可以把自然资源资产进行科学量化，衡量存量、消耗、结余，反映经济发展对资源和生态环境的破坏情况及修复程度。关注广西自然资源资产负债表的水资源、耕地资源、森林资源等重点生态资源指标，建立每年度核算制度分析广西全区以及主体生态功能区的自然资源总资产、负债、净资产存续状况，在法定范围内公开，列出人均自然资源负债的负面指标清单，坚守自然资源资产负债底线。保障自然资源资产负债表核算和公开制度的成功落实的关键主要有以下几点：一是做好规划，结合广西实际情况和发展战略布局构建合理的评价体系，确定相关指标，保证设计的合理性、可行性和数据的可获得性，确保自然资源资产负债表能够提供决策有用的信息。二是做好数据搜集及数据处理，运用科学的数据处理方法，提高效率和报表结果的准确性、可用性。三是保证整个自然资源资产负债表核算过程公平、公正、公开，规范编制说明及报送程序，结果需经专家和有关部门评审及论证，减少不确定因素、主观因素对报表结果的影响。四是做好报表结果应用工作，根据自然资源资产负债表统计结果制定一系列应对措施，使其对促进自然环境均衡发展的作用最大化。

5.2 协调做好广西产业和人口规划

协调做好产业和人口规划是促进人口与经济社会均衡发展的重要举措。通过产业和人口重构，根据各地的历史条件、资源禀赋、人口条件、产业优势和未来发展，形成优势互补、产业联动、重点突出、保障有效、发展可持续的产业集群和人口聚集区，并通过各地的交通设施投入来促进产业升级与发展，引导人口和产业有序布局与合理流动。

5.2.1 做好产业规划分区和人口合理布局引导

在广西"十三五"经济社会发展现状的基础上，重新评估现有的产业布局和人口分布，采用科学有效的产业发展评估体系，对现有的产业按照资源条件、环境要求、发展传统、优势产业发展情况、重点产业发展水平和人口社会发展情况进行评估，合理布局，建立配套完善、交通便捷、成本低廉、分布合理、特色鲜明、优势明显的产业体系，实现各地互补错位发展，从而引导人随业走，形成人与产业资源和社会发展配套的均衡发展体系。根据区域经济理论，区域经济的特点是基于特定区域的地理条件，不同地区的资源禀赋、要素条件不同，对于不同行业的发展成本也不同。根据成本最小、利润最大化原则，产业发展趋向于选择最有利的自然条件，最终形成一定的分区产业区，如果没有事先合理规划，市场的竞争性、无序性可能会导致产业布局不合理、资源利用效率低、形成恶性竞争、造成资源的损耗及浪费等情况，最终影响产业的整体发展。根据产业聚集理论，产业的聚集能产生一定的规模效应，进行科学合理的产业规划分区可以最大限度地发挥这种规模效应，促进人口聚集与产业聚集的协调发展。根据产业链理论，市场中的供需产业相互联系、相互作用、相互影响，而这种相互影响关系是基于一定地理位置布局发挥作用的。通过合理的产业规划分区，可以有效优化整个产业链布局，使产业链上下游企业相互带动，共同发展，发挥协同效应，促进区域经济繁荣发展。

引导人随业走，需要基于现有资源环境禀赋，根据广西的整体战略，规划产业布局，并加大引进人才力度，完善相关基础配套设施，规划教育资源、养老资源等合理分布，提高城市的宜居性，吸引人口迁移安居，为产业布局发展提供充足的劳动力。随着产业的发展成熟，产生越来越多的就业岗位，也会吸引大量劳动人口，逐渐通过产业布局优化人口分布，使其适应产业发展，最终形成协调均衡的人口布局。推动区域发展差异化，形成区域均衡的绿色发展模式，依托现代交通网络和区位优势，发挥中心城市辐射带动作用，培育和谐共享的城市群和城镇带。

产业规划适应现有的人口布局，积极引导人口聚集地区产业开发，利用人口聚集优势，发挥人口红利，合理发展传统产业，积极引进新兴产业。通过产业发展，满足地区人口的就业需求、生活需求和消费需求等，积极带动地方劳动者工作技能和综合素质的全面提高，发挥人才的创新驱动力的作用，培植本地具有核心竞争优势的产业，推动经济发展。

5.2.2 充分发挥第二、第三产业对提高人口劳动素质的倒逼和带动效应

大力发展第二、第三产业，重点关注木材深加工、中草药制药医药、电

子、生物和大健康领域的未来优势产业和高新技术，通过引进技术、资金和人才，倒逼和带动广西人口提高劳动能力与素质的决心。积极引导人口聚集地区产业开发，合理发展传统产业，引进新兴产业。通过产业发展，积极带动地方劳动者工作技能及综合素质的全面提高，推动经济发展，培植本地化具有核心竞争优势的产业，为地方培养、储备各类优秀的专业人才。在"十四五"期间，实现承接产业转移"留利"和"留智"的双发展。

利用产业发展倒逼人口劳动素质提高，可以通过发展有竞争优势的特色产业、加大教育及研究的投入力度、加强就业培训、大力发展人力资源市场等方式，有效促进产业结构升级。利用广西区位优势，发展特色产业，探索创新特色专业及特色学科，服务于新兴特色产业发展，在教学课程设计中融入民族特色专业知识及最新技术知识；加大相关研究项目的投入力度，培养出一大批面向东盟、服务"一带一路"建设的专业人才；加强就业培训，加大校企合作力度，鼓励教育行业改革创新，使教育行业输出人才的知识技能能够满足新兴第二、第三产业发展的需求；大力发展完善人力资源市场，利用大数据平台加强人力资源与用人单位之间的沟通，及时反馈企业用人需求，通过良性的竞争促进人才技能优化，适应产业发展需要。

5.2.3　建立健全人口均衡发展与综合决策预测报告机制

建立广西人口均衡发展的状态数据库，推进广西人口预测报告工作，开展重大决策的人口评估及报告工作，健全广西人口规划实施评估机制，引导广西人口科学发展和合理开发。确保人口均衡发展与综合决策预测报告机制落实到位，主要有以下几个关键点：一是做好数据库动态维护更新工作，确保数据信息的及时性、准确性和可参考性；二是形成长效机制，发挥数据库对于人口均衡的信息指导作用；三是基于风险管理思想，建立重大预警机制，一旦人口出现失衡信号，及时反馈，快速反应，积极应对，有效调控；四是形成反馈机制，及时报告，有效利用数据库信息，并将数据利用结果和经验总结及时反馈，不断完善更新数据库设计的流程、提高易用性。

5.3 建立人口支撑产业转型升级的科学政策导向

实现人口发展目标，必须从经济社会全局、国家中长期发展和广西"十四五"发展目标三个层面谋划人口工作，深入实施国家人口均衡发展战略和相关政策，明确并贯彻以下政策导向：

——注重人口内部各要素相均衡，切实提高人口素质。推动人口发展从以控制人口数量为主向调控总量、优化结构和提高素质并举转变。全面推进三孩政策实施，稳定广西人口总量，避免"少子化、老龄化"现象加剧发展。加强出生人口性别比治理，促进社会性别平等。切实提高出生人口素质，切实提高16~60岁主要劳动人口的综合素质，努力挖掘各年龄段的人口潜能，推动人口红利向人才红利转变。

——注重人口与经济发展相互动，强化广西"南向、北联、东融、西合"全方位开放发展新格局的人口支撑。准确把握经济发展对人口变动的影响，综合施策缓解经济因素带来的生育率下降等人口发展问题。统筹城乡区域协调发展，统筹技术、产业、公共服务、就业同步扩散，引导人口与经济布局有效对接。充分发挥人口能动的作用，为经济增长提供有效人力资本支撑和内需支撑。实施"稳定存量，拓展增量"的人口与经济发展政策，逐步缩小广西人口流失规模，为经济社会可持续发展提供"人口的保障"。实施稳健的老龄化政策，防范和化解人口老龄化对经济增长的不利影响。

——注重人口与社会发展相协调，提高基本公共服务均等化水平。深入实施基本公共服务均等化制度，推动基本公共服务常住人口全覆盖，有序推进农业转移人口市民化。着力补齐重点人群发展短板，构建多层次养老服务体系，保障妇女儿童、残疾人合法权益，实施贫困人口精准脱贫，促进社会公平正义。尊重个人和家庭在人口发展中的主体地位，坚持权利义务对等，推动人口工作由主要依靠政府力量向政府、社会和公民多元共治转变。

——注重人口与资源环境相适应，提高人均资源利用率和贡献率。构建"绿水青山经济带"的人口与资源环境和谐发展的战略布局，根据不同主体功能区定位要求，制定差异化的人口政策，多措并举引导人口向优化开发和重点开发区域适度集聚，支持鼓励限制开发和禁止开发区域的人口自愿迁出。加大环境治理与保护力度，可持续开发利用自然资源，推动形成绿色发展和生活方式，着力增强人口承载能力。

——注重人口与民族融合发展相适应，推动民族和谐发展内涵建设。依据区域的特点，坚持分类施策，对人口较少民族、特困少数民族，采取差别化的资金、政策倾斜扶持措施，激发内生动力。

——注重人口与边境稳定发展相适应，增强兴边强边的能力。深入推进兴边富民、守边固边、强边固防各项政策措施的落地，惠民政策优先实施，加快完善边境地区基础设施，大力发展边境地区特色优势产业，鼓励支持边民开展边贸活动，着力提高沿边开发开放水平，增强边民的兴边强边的能力，让边民共享改革发展成果，形成边民生活有保障、致富有渠道、守边有动力、发展有支撑的新格局。

5.4　推行人口促进产业发展的有效措施

5.4.1　稳定现有常住人口，积极吸引返乡人员和外部移民

一是要激活现有常住人口的发展潜力和经济活力。广西人口总量居全国第10位。但是，广西 GDP 与 GDP 增速、人均 GDP 与人均可支配收入排名比较靠后，原因之一是广西未能充分释放人口红利。"十四五"期间，广西要充分利用好现有的人口存量优势，挖掘现有人口的潜能，进一步释放人口红利。二是要抓住全国经济发展大趋势，借力发达地区经济产业转移和溢出效应的有效时机，吸引广西籍人口返乡就业创业。全面实施乡村振兴战略，鼓励农民工返乡创业，支持人口回流，不断扩大常住人口规模。尽快形成广西人口和劳动力优势，抓紧释放人口红利，助力广西经济尽快"触底反弹"并平稳增长。三是要充分扩展人口承载的空间载体，进一步做大做强广西城镇产业群。实施主体功能区人口发展战略，进一步明确北部湾国家级重点城市群、桂北城镇群、桂东南城镇群主体功能定位，加强上述主体功能区产业发展体系与配套设施建设，进一步增强主体功能区人口承载能力。通过产业发展和吸引外地特别是沿

海发达地区的转移产业，就地消化和转移农业人口，实现产业升级，提高经济水平和人均收入以及本地城乡居民特别是农民的收入水平。

5.4.2 控制总体抚养比，稳健发展老龄康养产业

5.4.2.1 积极扩大15~64岁主要劳动人口总体规模，稳准有效降低抚养比和老龄比

一是在全国各地"人口争夺战"的形势下，要充分认识到广西人口被省外主要城市"虹吸"带来的负面影响，高度重视"人口作为经济社会发展重要基础"的战略论断和发展内涵。二是要深刻认识2008—2018年广西人口流出规模不断扩大带来的"空心化"影响和"涟漪效应"。由于广西15~64岁主要劳动年龄人口大规模流出，广西老龄人口占比高、家庭抚养比高。根据广西壮族自治区政府发布的有关数据，2018年年末，广西60岁及以上人口有730.05万人，占常住人口的14.82%。如果广西2018年流出的733万人口能逐步回归，那么，全区60岁以上老年人口占全区常住人口的比重将降为12.9%。三是要充分关注广西家庭成员结构从"老中青少"骤减为"老少"的普遍情况及引发的社会问题。在家庭教育和日常生活中，中青年长期缺位，降低老年人口养老幸福指数，少年儿童成长缺乏父母的日常关怀。迫切需要采取有效措施促使"爸爸妈妈返乡工作"，加大15~64岁主要劳动年龄人口回流、引进力度，减轻养老压力，关爱少年儿童成长教育，尽快消除"空心化"现象带来的不良影响，确保广西经济社会的可持续发展。

5.4.2.2 完善家庭发展的政策体系

完善包括生育支持、幼儿养育、青少年发展、老人赡养、病残照料、善后服务等在内的家庭发展政策。创新生育服务管理，稳定家庭功能，减轻生育子女家庭负担。完善计划生育奖励假和配偶陪产假制度。加大对孤儿监护人家庭、老年人家庭、残疾人家庭、留守家庭、流动人口计划生育家庭、受灾家庭和其他特殊困难家庭的扶持力度。加强妇幼健康计划生育服务，向不孕不育等生育困难人员提供必要的辅助生殖技术服务。全面推进知情选择，向育龄人群提供安全、有效、适宜的避孕节育服务，提高服务的公平性和可及性。

大力发展家庭服务业。逐步建立健全惠及城乡的家庭服务体系，进一步提高家庭服务能力；探索完善以家庭为中心的人口计生公共服务体系，开展婚育

指导、家庭初级保健、儿童早期发展、家庭教育指导；加强基础研究和科技创新，开发推广避孕节育、优生优育、生殖保健的新技术新产品。

5.4.2.3 稳健发展广西养老健康产业

贯彻落实《广西健康养老产业发展专项行动计划（2019—2021年）》实施方针，将广西养老产业专项计划落到实处：建立广西壮族自治区健康养老产业项目库，加快推进健康养老产业项目建设，合理制定项目库绩效目标，科学做好前期规划论证工作，合理布局，确保健康养老产业项目有序推进；大力发展康复器具等老年产品用品产业，重点发展健康管理类、养老监护类、康复辅助器具类、中医数字化智能产品和家庭服务机器人五大类产品，带动传感器、微处理器、操作系统等底层技术突破，完善老年健康用品产业链发展模式；积极探索创建养生养老生态小镇，依托广西好山好水的有利资源环境，打造具有不同区域特色的养老主题小镇，开展老年文化体育活动、开辟老年菜园、举办老年歌舞文艺比赛，搭建老年交友平台，发展多元化养生减压旅游产业链，建设风情街道、工艺品街道，鼓励老年地摊经济，将养生养老生态小镇作为部分公益活动的举办场所，带动人流量，拓宽老年人对外沟通渠道，使老年人能够养身养心；建设健康养老产业集聚区和智慧健康养老示范园区，实现健康养老配套设施共享，通过集中规划降低养老机构的重复建设成本，实现健康养老产业的规模效应；贯彻落实国家《智慧健康养老产业发展行动计划（2021—2025年）》号召，创建"互联网+养老"模式，做强智慧健康养老软件系统平台，实现数据的有效归集与管理，重点发展远程医疗、个性化健康管理、"互联网+护理服务""互联网+健康咨询""互联网+健康科普"等服务，制定家庭养老床位、社区助老餐厅、养老院等智慧化解决方案，创新"互联网+养老""时间银行"互助养老，积极搭建广西养老服务大数据平台，实现养老服务动态化管理；完善养老院等养老机构场所的配套设施，在保障基本需求的基础上，针对不同消费阶层推出差异化养老服务，规范养老机构管理，做好工作人员业务培训、法律培训、道德培训，通过线上线下沟通方式加强老人与子女的互动联系，建立老人需求反馈机制，完善投诉举报机制，保障老人身心健康。

5.4.3 强化就业优先政策，激发人力资本活力

习近平总书记指出："要提高人民生活品质，落实就业优先战略和积极就

业政策，做好高校毕业生、退役军人、农民工和城镇困难人员等重点群体就业工作。"强化就业优先政策，完善多渠道灵活就业的社会保障制度，出台一系列暖心政策助力毕业大学生就业、帮助下岗工人转岗再就业，最大化发挥人口对广西产业升级、经济发展的能动作用；把就业困难群体就业作为就业工作的重点，大力帮扶就业困难群体，提升就业困难群体的劳动技能，实现造血式帮扶；健全完善帮扶长效机制，有针对性开展就业专项援助活动，加大就业政策扶持力度，促使就业困难群体实现稳定就业，避免人力资本浪费；拓宽就业范围，多渠道开发就业岗位，稳定市场主体，支持多形性、多渠道就业模式，支持新兴产业、新兴专业开发新概念就业岗位，完善财税、金融等配套支持政策，探索创新新兴产业发展模式，优化就业服务；帮助农民工实现转移就业，组织职业技能转换培训、就业创业培训工作，帮助其提高就业创业能力，完善进城务工农民工的权益保障配套制度，为农民工提供免费的法律咨询服务、法律援助服务等；加大财政投入力度，出台一系列奖补政策，毕业大学生深入基层就业、鼓励毕业大学生远赴边远地区工作、毕业大学生参军入伍，并将基层工作经验、边远地区工作经历、参军入伍经历作为政府事业单位招聘、国有企业招聘等人力资源市场竞争中的优势条件；鼓励大、中专毕业生到中小企业和非公有制企业就业，为中小企业发展提供贷款优惠政策，对积极吸纳应届毕业生的中小企业实施补贴奖励政策，对一定期限内不裁员、少裁员的中小微型企业实施失业保险稳岗返还政策；鼓励中小企业规范管理，保障毕业生基本社会保险的按时缴纳；鼓励线上就业等灵活就业方式，发展多元化新就业形态，鼓励创新创业，支持人才兼职性就业，激发市场活力；鼓励大众创业、万众创新，开展大学生创新创业比赛，提高比赛成果转化比率，增强双创平台服务能力；规范用工形式，加强企业人力资源监管，鼓励用人单位与劳动者签订长期合法的劳动合同，减少以劳务、挂靠、承揽等形式签订劳务协议带来的人口不稳定因素；有效利用失业保险基金，合理规划，支持就业配套培训，开展实施职工技能提升和转岗转业培训等项目；开展线上线下相结合的多元化招聘专场活动，帮助毕业大学生多渠道获取招聘信息，由当地政府牵头组织就业创业指导进校园、进市场、进园区活动，将地方总体就业率、毕业生就业率作为政绩考核的一项重要指标，加强就业创业政策宣传、就业创业培训，制定职业规划，提供权益保障、就业手续办理咨询等"一站式"就业服务。

5.4.4 实施全面提高劳动人口职业素质的系列教育，培养适应广西特色产业发展的复合型人才

5.4.4.1 全面提高主要劳动人口的文化素质

不断加大高等教育财政资金投入力度，重视发展广西高等教育，加强国内和国际合作开放办学水平，进一步加大对主要劳动人口的专业技能培训力度，重视挖掘劳动者工作潜能；适度开发老年人力资源，依托老年大学载体，不断优化老年大学硬件条件环境，优化老年大学课程设置体系，让更多身体条件允许的老年人接受更多专业技能的学习培训，为广西经济社会发展继续发光发热；有效利用国际人才资源，加强与东盟各国的高等教育深度合作，努力扩大广西高等教育总规模，让更多劳动者享有高等教育机会。

5.4.4.2 加大高等教育投入力度

人口素质显著提高是人口均衡发展的必然要求，广西人口素质的不断提高依赖于高等教育的不断发展。广西应提高大专及以上高等教育资源的有效供给，充分利用有限的教育资源，提高高等教育资源的配置效率，以增强高等教育资源的供给能力，扩大有效供给规模，发挥人才对经济发展的驱动力作用。一是应加大高等教育总量供给，扩大高等学校的招生规模，提高高等教育毛入学率，达到全国平均水平，满足经济社会发展对人才的需求。二是应在扩大高等教育规模的同时优化高等教育结构。关注区域结构，减少区域、城乡高等教育资源的不平等；关注类型结构，合理规划综合、理工、师范、财经、医药、艺术、农业等各类型高等学校的比例；关注形式结构，鼓励民办高等学校的设置与发展；关注层次结构，增加硕士、博士层次招生人数，协调本专科学生与研究生层次学生的比例关系；关注专业结构优化调整，根据社会经济发展需求优化高等学校专业设置，使高等学校专业供给与经济社会发展对人才的需求有效对接。三是要加大高等教育经费投入力度。广西高等教育经费的总量与人均水平都低于全国平均水平，要不断增加高等教育经费投入的总量，注重投入政策的可持续性，逐步提高高等教育经费投入在 GDP 中的占比，真正落实科教兴国战略；持续优化经费投入的结构，提高经费的使用效率，真正做到把经费使用在最需要的地方；促进生均经费投入量的增长，使生均教育经费达到全国平均水平。此外，要增加省外招生占比。提高高等学校的建设水平，促进高等

学校内涵式发展，打造一批省内名校、国内名校，以扩大广西高等学校的知名度，增加广西高等学校对省外学生的吸引力，提高省外招生占比。

5.4.4.3 建立健全在职教育的扶持制度和机制

产业迭代、技术变革以及信息技术高速发展，生产流程及管理模式智能化，以及信息化办公的逐渐普及，对在职职工的知识储备提出了更高的要求，不少在职老员工经验丰富，熟悉行业，在行业发展中举足轻重，却存在一定的知识固化现象，故而企业员工也应该与时俱进，积极、主动地更新知识，适应产业发展的需求；国家和企业也应该鼓励在职人员的继续教育，提供相应的政策支持，促使其将知识转化为助力产业变革的内生动力；探索创新专业型在职硕士的培养模式，区别于学术型硕士，以实际应用为目标，结合现有产业发展需求，更注重对应用型知识技能的培养，使其适应产业实践的需要；开展实践教学，推行产教融合，校企合作，为学生提供实习机会、为企业提供劳动力，实现双赢；加强教师在职教育，提高教师的教育水平和教育质量，从源头上促进教育行业的发展，使教师资源适应新时代教育发展需求，培养出适应产业发展的人才。

在职学历教育与非学历教育并举，除了发展在职学历教育外，也重视在职非学历培训教育，形成教育培训长效机制，持续更新劳动力知识储备和专业技能；完善培训体系，引入社会资本助力发展，促进培训机构的繁荣发展，使其良性竞争，提高培训质量；建立双向沟通反馈机制，积极调研，根据用户需求，使用科学合理的方法系统化更新培训内容、优化培训流程；创新培训方式，鼓励企业、单位利用公众号推广、知识竞赛等方式传授知识，使员工在碎片化学习中获取知识；完善培训结果考察制度，了解培训人员对知识的掌握和运用程度，注重结果运用，避免形式化培训。

5.4.4.4 培养具有专业技术能力的劳动人才

培养特色产业、新兴产业、新兴技术的专业人才，大力发展少数民族特色技能型产业、面向东盟贸易产业，配套培养相关产业发展所需的专业型人才。

（1）大力发展少数民族特色技能型产业。

大力发展少数民族特色技能型产业，落实相关配套政策，出台民族贸易和民族特需商品生产的优惠政策，加大金融、财政等方面的投入力度、减负降税；保障少数民族群众共享基本公共服务的合法权益，促进多民族融合发展；

办好各级各类民族类学校，对民族贫困地区、自治县和人口较少民族聚居区实施招生倾斜政策，实现教育资源公平，鼓励少数民族大学生返乡创业，促进广西各地区人才分布均衡，实现区域产业协调发展；切实提高广西各民族群众的能力和综合素质，推动民族发展的内涵建设。

（2）加快发展面向东盟特色产业。

广西依托面向东盟国家边境临海位置，是衔接"一带一路"的重要门户、"一带一路"倡议搭建的国际合作共享共建平台和一系列政策措施，为促进广西产业结构优化升级和区域一体化协调发展提供了全新机遇。加快产业龙头企业引进，通过引进龙头企业和经验丰富的行业精英、企业管理人才，带动东盟特色产业的发展；通过战略合作、股权投资等对外投资方式，加强国内产业国际化；打造跨境产业合作示范区，引进外资和国外人才，做好外来企业本土化工作；RCEP的生效实施，标志着全球人口最多、经贸规模最大的自由贸易区正式落地，做好自由贸易区的相关配套工作，鼓励多方参与，刺激消费需求，发挥巨大数量市场消费主体的优势；积极引进人才，鼓励海归积极创业就业，建立海外人才创新创业基地，完善相关人才配套政策；加强与东盟公共卫生合作和人文交流，共同进行人才培养、教师交流培训等，鼓励合作办学、学术交流，鼓励通过出国留学、访学等方式学习东盟国家政治、文化，使国外相关知识服务于多元产业文化融合；建立多元化投融资机制，创新企业管理机制，培育市场主体。

《广西全面对接粤港澳大湾区建设总体规划》和《全面对接粤港澳大湾区建设总体工作方案》的出台，为粤港澳大湾区建设提供了契机。为了加快与粤港澳地区产业的全面对接，提高广西承接大湾区优质产业转移的能力和水平，需要以本土化劳动力为基础，积极引进外来先进知识力量和劳动力，有序推进"两区一带"建设。完善用人机制和用人环境，加大投入、完善生活配套设施，避免人才外流；确保教育资源均衡发展，当下教育资源主要集中在省会城市等发达地区，对于劳动力丰富的桂西资源富集区等战略发展地区，教育资源尚且存在不足的现象，高等教育学府亦有限，所以应该加大教育资源的投入力度，培养服务于两区一带发展的人才；立足当地资源禀赋，发展特色产业，发挥当地多元主体劳动力的作用，如百色市利用其革命文化发展红色旅游，鼓励曾经的革命者、阅历丰富的老人投身红色产业，传承革命文化；巴马瑶族自治县利用其自然资源及"长寿之乡"的声誉发展养生长寿健康产业，鼓励长寿老人、当地居民分享当地风俗、生活习俗、饮食习惯等，使其在提高生活质量的同时助力当地产业发展，实现人口红利最大化；培养手工艺人传承者，传承传统文化，将非物质文化遗产转化为促进旅游业发展、吸引外来流动人口的优势。

5.5　优化人口与产业发展的空间布局

优化人口空间布局，加快广西城镇群建设步伐和内涵发展，逐步提高广西城镇化率和城镇化发展水平。加强人口发展的空间载体建设，实施主体功能区人口发展战略，将城镇群培育成为主要的人口集聚区，促进人口资源永续共生，推动人口集聚发展。着力增强南宁、柳州、桂林、梧州等核心城市的人口集聚能力和核心城市辐射能力，培育壮大北部湾国家级城市群和桂中、桂北、桂东南城镇群人口集聚区。加快形成支撑北部湾区域发展的增长极，引导区域内人口就近集聚，稳步推进广西城镇化进程。大力发展农村产业经济，努力探索同广西相适宜的农村经济发展道路，切实提高农村人口经济收入，逐渐缩小广西城乡收入的差距。

广西城镇群主要城市功能定位和城区人口集聚目标见表 5-1。

表 5-1　广西城镇群主要城市功能定位和城区人口集聚目标

主要城市	发展功能定位	2020 年城区集聚人口目标	2025 年城区集聚人口目标
北部湾国家级重点城市群			
南宁市	区域性现代商贸物流基地、先进制造业基地和金融中心、区域性国际城市、内陆开放型经济战略高地和广西首善之区	300 万人以上	350 万人以上
北海市	现代产业集聚地和北部湾国际旅游度假区核心城市	60 万人	62 万人
防城港市	北部湾现代化主要港口城市	35 万人	36 万人
钦州市	北部湾临海核心工业城市	50 万人	52 万人
玉林市	现代中小企业名城	100 万人	110 万人
崇左市	面向东盟的区域性新兴城市	30 万人	32 万人

表5-1(续)

主要城市	发展功能定位	2020年城区集聚人口目标	2025年城区集聚人口目标
	桂中城镇群		
柳州市	区域性先进制造业中心、现代服务业基地和珠江—西江经济带核心城市	250万人	270万人
来宾市	现代化新兴工业城市	50万人	52万人
	桂北城镇群		
桂林市	国际旅游胜地和生态山水历史文化名城	130万人以上	132万人以上
贺州市	循环经济发展示范城市	40万人	42万人
	桂东南城镇群		
梧州市	国家级桂东南承接产业转移示范区和珠江—西江经济带中心城市	100万人以上	105万人以上
贵港市	西江流域核心港口城市	60万人	62万人
玉林市	现代中小企业名城	100万人	102万人

6 广西人口均衡发展支撑产业升级的政策建议

面对人口发展重大趋势性变化，必须围绕人口均衡发展这一重大国家战略，结合广西发展的现实需求，加强统筹谋划，把握人口发展的有利因素，积极有效应对风险挑战，努力实现人口自身均衡发展，并与广西经济社会、资源环境协调发展。高举中国特色社会主义伟大旗帜，以马克思列宁主义、毛泽东思想、邓小平理论、"三个代表"重要思想、科学发展观、习近平新时代中国特色社会主义思想为指导，全面贯彻党的十八大和党的十八届三中、四中、五中、六中全会精神以及党的十九大与党的十九届二中、三中、四中全会精神，深入贯彻习近平总书记系列重要讲话精神，认真落实党中央、国务院决策部署，紧紧围绕统筹推进"五位一体"总体布局和协调推进"四个全面"战略布局，牢固树立和贯彻落实创新、协调、绿色、开放、共享的发展理念，以促进人口均衡发展为主线，立足战略统筹，强化人口发展的战略地位和基础作用，坚持计划生育基本国策，鼓励按政策生育，充分发挥全面三孩政策效应，综合施策，创造有利于发展的人口总量势能、结构红利和素质资本叠加优势，促进人口与经济社会、资源环境协调可持续发展，为全面建成小康社会、实现中华民族伟大复兴的中国梦提供坚实基础和持久动力。

6.1 研究出台"稳定广西人口存量，拓宽渠道提升增量"系列政策

稳定人口存量与提升人口增量并举，建设劳动力充足、人口结构均衡、产

业发展兴旺、经济繁荣的新广西。通过稳定广西人口存量，保持人口红利，形成促进广西产业发展的中流砥柱。通过拓宽渠道引进人才、提升人口增量，使新增人口成为广西产业发展的新生力量，为广西"十四五"规划政策目标达成、建设产业发达、人民富裕的新广西注入活力。

6.1.1 尽快出台"千万人口留广西"的政策体系和实施细则

研究出台"保人留桂"的系列政策；加强"爱广西，留八桂；建家乡，我贡献"的宣传舆论引导，特别是要积极宣传广西人口存量的基本情况和人口稳定的重要性；研究出台"人口发展与产业发展匹配联动"的工作制度，人力资源与工业信息产业部门定期召开联席会议，评估一定时期内广西的人口供给与产业需求匹配水平，优化人口与产业发展的协调度；适度增加"劳动密集型"产业链的引进和升级，为"保人留桂"做好"筑巢就业"准备工作；研究出台"广西籍人员返乡工作"的鼓励和奖励政策及配套机制；研究出台"广西籍大学生留桂工作"的落户激励政策和奖励制度；加快新型城镇化建设的步伐以及广西人口存量和人才储备增长的步伐；尽快完善广西常住人口和经济社会发展的动态观察报告制度；完善劳动者权益保护相关制度，保障劳动者基本利益，为弱势群体发声，提供良好的就业保障环境；实施一定的优惠政策支持中小企业发展壮大，提供就业岗位，有效吸纳劳动力，继续完善小微企业、个体工商户减税降费、优惠融资等支持政策，并鼓励中小企业完善对劳动者的"五险一金"缴纳等相关保障制度；通过制度创新吸引青年人才投身基层、建设基层，助力乡村振兴，促进人口素质均衡分布。

6.1.2 尽快出台"百万人才兴八桂"的政策体系和实施细则

研究出台"引人兴桂"的系列政策和"大学生来桂工作"的落户激励政策；尽快修改和完善"外地人落户广西"的奖励补助和快速审批制度，建议研究出台双倍激励政策，以比周边省份更优惠、更实际、更开放的政策"引才引智"，必要和紧缺的领域、人才可以适用"双倍落户补助、双倍安家经费"等政策；尽快完善广西人才引进与经济社会发展贡献度评估观察报告制度；建立健全柔性引进人才机制，在不改变人才的人事、档案、户籍、社保等关系的前提下，通过顾问指导、挂职、兼职、技术咨询、退休特聘等形式，灵活引进海内外高层次人才。

6.1.3 研究制定改善育儿环境和幼教设施的政策细则

加大政府财政和社会资本投入力度，引导社会资本向育儿和幼教设施倾斜，通过减免行政税费、简便手续、加快审批等手段，在全区范围内不断改善各地的育儿环境和幼教设施水平，减少社会的生育压力与养育成本，提高人们的生育意愿，稳定社会生育水平，防止生育率快速下降，为政策调整留下充足的可操作空间，提高人口与社会的可持续发展水平。加快对幼教人才的培养，为幼儿教育提供高质量的社会服务；加强婴幼儿的医疗保健工作，促进婴幼儿童健康成长。

6.1.4 完善住房保障相关制度

完善住房保障相关制度，落实土地及财税等相关配套政策，建立常态化申请受理、联合审查等机制；推出安居房，鼓励存量商品住宅用房转型发展为安居型住房，盘活闲置房产及土地，完善房地产市场的供给市场；完善引进人才住房保障相关制度，如安家费、住房补贴、租房补贴及相关减税政策，积极为人才创造环境良好、配套完善的居住环境；构建多主体供给、多渠道保障的住房供给保障体系，引入社会资本，努力拓宽融资渠道实行住房保障政策；稳定房地产市场，实行房地产调控政策，整治和规范房地产市场秩序，保持房价、地价稳定，保障居民居住需求，提高精准性、协调性，增强房地产行业全局观念，因城施策，促进房地产业的良性循环和协调发展；加大投入力度，争取地方政府专项债券资金、安排配套资金，推进保障性住房建设。实施棚户区改造和大力推进老旧小区改造，满足人民群众改善性住房需求，通过老旧小区改造，基于风险管理的角度，做好事前风险排查，在排除屋顶漏水、墙面开裂、消防安全设施缺损、各类管线老化等安全隐患的同时，改善居住环境、建设新型小区，使其成为保障住房、稳定房价、引进人才的重要一环，加强服务设施、公共空间建设，做好社区服务。

6.2 研究出台"广西主要劳动人口保卫战"系列政策

2019年4月8日国家发展和改革委员会公布的《2019年新型城镇化建设重点任务》明确，大城市取消或放松落户限制，北上广深等超大城市也要扩大落户规模。这意味着，在大城市落户将会变得容易一些。因此，国内出现了"人口争夺战"，各大城市纷纷出台一系列抢人政策，争抢劳动力。"抢人的主体城市"包括"人口净流出""人口净流入"两类城市，以及"省会城市和主要的一、二、三、四线城市"；"抢人对象"包括中专、大专、本科、研究生等，"抢人政策"包括"秒批落户""免费入住公寓""购房优惠""本科直接落户"等；"抢人年龄"扩大到18~50岁；"抢人规模"基本是"百万级"。在当下人口红利式微、老龄化严重的形势下，劳动力呈现一定的供小于求的现象，而各大城市的抢人政策也给广西在引进人才、留住人才方面带来了一定的压力。对此，当地应该积极应对，做长期战略谋划，除了出台系列"留人政策"、加大投入、完善相关基础设施来吸引人才外，还应该在产业升级、经济发展之上下苦功夫。一方面，惠民政策的落实离不开强大的财政支撑；另一方面，就马太效应而言，只有产业更加兴旺、经济更加繁荣，才能为人才提供更多的就业岗位和发展机会，使其能够最大化发挥自己的价值，继续为经济发展创造更大价值，在城市中找到归属感、幸福感。所以，做长优势产业链、发展绿色产业、培育新型产业主体、引导和培育乡村文化产业等措施可以为保卫人口提供有利条件。

6.2.1 做长优势产业链，留住主要中青年劳动力

广泛利用国家赋予广西的战略机遇，以广西"构建面向东盟的国际大通道、打造西南中南地区开放发展新的战略支点和形成21世纪海上丝绸之路和丝绸之路经济带有机衔接的重要门户"为契机，充分"聚人""引才"，为广西快速发展构筑人口容量的基本保障，聚集"中青年劳动人口"；尽快出台充分挖掘"延长人口红利"系列政策，特别是在提升战略驱动型经济、乡村振兴经济、特色优势产业经济等领域的政策和配套措施，筑牢广西就业基本面，

拉长优势产业链，增强"就业聚人"和"创业引才"的稳定性和可持续性。

6.2.2 研究出台并实施"绿水青山经济带"等重大政策及产业配套清单

青山绿水是广西的优势，要发挥优势建设生态宜居的农业产业和生态产业。提高产业附加值。大力发展旅游、家居等以服务为主的第三产业，提高广西的绿色资源利用效率和利用水平，建设特色鲜明、优势明显的乡村特色小镇，增加文化、娱乐、悠闲建设内容，挖掘文化内涵，打造具有当地特色的"文化标签"，完善交通设施，适当安排交通节点，构建城乡交融、相互促进的城乡发展体系。

6.2.3 培育新型产业主体，引导农村外流人口"返乡发展"

当前，在国家乡村振兴战略实施下，农村创新创业正迎来新的发展契机。广西农村人口仍占相当比例，"三农"问题解决仍然任重道远，包括农民收入低、农村文化产业凋敝、人才流失严重。在乡村振兴的战略下，应当积极引导农村青年回乡就近创新创业，并积极培养振兴适合乡镇发展的小型村镇技术产业和深加工农业，筛选、培育并引导县乡发展的小型、专业化的特色农业产业和工业产业，优化乡镇产业和延伸农业产业链条，带动农民致富，培养新型技术型、职业化农民，促进乡村产业转型升级。

6.2.4 引导和培育乡村文化产业，增强文化认同和文化自信

乡村人口大量外流，除了缺乏产业和致富机会外，还因为乡村文化凋敝，年轻人难以适应乡村单调无聊的乡村生活，导致部分乡村黄、赌、毒流行。应当以乡村振兴为契机，探索创新文化下乡的途径方式，以文化振兴乡村的路子与经验，与产业重构与产业发展并行。通过做好乡村规划，建设乡村图书、文化娱乐悠闲设施，以财政与社会政策支持乡村开展多种多样的文化活动，实现从"文化下乡"到"文化在乡"的转变，切实充实人们的乡村生活，使得产业聚人、文化养人；增强返乡人员的乡村文化认同和文化自信。

6.2.5 实行积极稳健的老龄人口康养政策

加快构建以社会保障、养老服务、健康支持、宜居环境为核心的应对老龄

化制度框架。逐步提高基本养老和基本医疗保险统筹层次，确保基金安全可持续运行；大力发展企业年金、职业年金、个人储蓄型养老保险和商业医疗保险，在试点基础上推出个人税收递延型养老保险。建立长期护理保险制度，开展长期护理保险试点；全面建立针对经济困难的高龄、失能老年人的补贴制度，做好与长期护理保险的衔接；加快完善以居家为基础、社区为依托、机构为补充、医养结合的养老服务体系，增加养老服务和产品供给；促进养老服务与健康养生、医药等领域融合发展，打造建设健康养老养生服务集聚区，建设国内一流康养胜地；探索建立符合区情的养老模式，推进社区居家养老服务网络平台建设，通过信息化手段为老年人提供家政服务、生活照料、助餐服务、康复护理、医疗保健、精神慰藉、文化娱乐、安全援助和转介等综合性服务；大力推行"医养结合、康护一体"模式，发展颐养型、养护型和护理型养老服务机构；大力发展老年护理、康复、临终关怀等服务业，建立老年长期护理保障制度；完善家庭养老支持措施，建设无障碍的老年友好型社区和城市，给予老年人生活保障和精神关怀。

6.3　完善广西人口综合身体素质监测报告制度

完善广西人口综合身体素质监测报告制度，利用大数据管理平台科学、动态监测，保障人口健康，提高劳动力质量，发挥人口质量红利，为广西产业发展、经济发达、人民幸福保驾护航。主要政策建议包括：研究出台"免费地中海贫血筛查"惠民优生优育政策，做好优生优育工作，完善婚检、孕检政策，研究出台"青年强，营未来"计划及配套政策机制，完善青少年心理健康教育相关制度，建立健全防艾工作机制，完善基层医疗机构建设和管理的政策机制，宣传运动健康理念，提倡体医结合、体教结合等。

6.3.1　研究出台"免费地中海贫血筛查"惠民优生优育政策

积极争取国家对"广西地贫胎儿零出生计划"的经费支持，继续完善地中海贫血"五免服务"，既为婚育人群提供免费地贫初筛、初筛阳性夫妇免费复筛、双阳夫妇免费基因诊断、高风险孕妇免费产前诊断和重症地贫胎儿免医学干预五项免费地中海贫血防控技术服务；提高服务质量，做好医务人员相关培训，对被检人员耐心讲解，普及地中海贫血相关应对知识；做好地中海贫血筛查追踪工作，完善大数据知识共享平台，将筛查结果以通俗易懂的方式呈现给患者；将免费地贫基因诊断、产前诊断对象由现行的广西农村户籍人口扩展为广西城镇、农村户籍人口全覆盖。

6.3.2 做好优生优育工作，完善婚检、孕检政策

将婚检、孕检作为人口优生优育的重要把关手段，鼓励目标人群应检尽检，提高城市婚检率和农村婚检率，通过婚检、孕检筛查影响人口质量的遗传病、传染病，如乙肝、艾滋病等；完善财政配套资金，保障免费孕检、产检专项资金充足，扩大免费筛查范围，根据人口健康报告及时动态更新检查内容，对特殊遗传病患者给予特别政策支持；做好优生优育宣传工作，鼓励结婚生育、科学生育、婚检后生育，尤其做好青少年教育工作，避免无知生育、未婚生育、不产检等行为影响人口质量，做好免费产检政策普及工作，将婚检、产检与人口落户关联；对于赴外地打工的流动人口，鼓励其做好婚检筛查工作，避免由于地域管理不便而游离在外；对高龄产妇实施特殊检查项目，普及高龄生育相关健康知识，重视唐氏筛查，做好高龄生育常见病的筛查预防工作。

6.3.3 研究出台"青年强，营未来"计划及配套政策机制

从广西人口储备、经济社会可持续发展、未来发展的战略高度，充分认识广西青少年体质在人口均衡发展中的重要基础作用。切实改进营养、改善膳食补助资金核拨管理办法，提前开放实名制系统数据录入工作，继续开展农村义务教育学生营养改善计划专项督查，督促检查各试点县和试点学校认真贯彻落实《中华人民共和国食品安全法》；继续指导各试点县加强对食堂从业人员的培训，增强食堂从业人员食品安全意识和规范操作能力；通过专业的营养专家，根据青少年身体成长的客观需要，科学、合理安排青少年营养菜单，确保青少年营养均衡、苗壮成长；出台稳定食堂菜价的系列措施，如建立专项基金等，避免由于物价变动、经营管理等外在及内在因素影响食堂物价稳定；对于食堂独立核算的学校，需要加强对于食堂经营收支的监管，通过定期检查、专项审计等方式，确保食堂经营合规化、透明化，食堂财务账实相符、账证相

符、账账相符和账表相符；完善食堂原材料招标采购相关流程，严把供应商资质，确保食品安全有保障，采购流程规范化，招标采购结果公平、公正、公开。

6.3.4　完善青少年心理健康教育相关制度

关注青少年心理健康，培养心理健康与身体健康兼顾的高素质人才。完善青少年心理健康教育相关制度，成立未成年人心理健康辅导中心，向未成年人提供心理健康知识普及教育、心理咨询与辅导等公益性服务；将心理健康教育纳入教学课程设计，提高心理健康课程重要性占比、完善考核机制；定期排查青少年心理问题，加强心理危机预防和干预体系建设，动态跟踪，及时发现青少年心理问题；定期开展心理健康教育组织管理和教育教学方法、技能交流研讨会等，相互交流分享经验，研究、探索青少年心理健康解决方案。

6.3.5　建立健全防治艾滋病工作机制

高度重视防治艾滋病工作对人口均衡发展的重要意义，特别是对广西民族稳定与发展、边境稳定与发展、农村稳定与发展的中长期影响。强化对大众人群的宣传教育，多渠道、广范围宣传预防艾滋病相关知识，强调其重要性；党委宣传部门应当会同卫生健康部门联合组织制订广西壮族自治区防治艾滋病宣传教育有关规划和年度计划，强化重点人群宣传教育和跟进监测工作机制；强化社会综合治理，广西各级公安部门要落实与艾滋病有关案件的举报和立案处理程序，严厉打击利用感染者身份进行的违法犯罪活动；着力控制性传播，加强对住宿、娱乐、休闲保健服务等营业性公共场所和家庭式出租屋的治安管理。完善防治艾滋病政策机制效果评估和评估结果应用机制。

6.3.6　完善基层医疗机构建设和管理的政策机制

加强乡镇卫生院、社区卫生服务中心建设，增强基层基本医疗和公共卫生服务供给能力；加强综合医院建设，发挥医疗卫生服务网络的龙头作用；加强中医医院、民族医院建设，增强中医药优势医疗服务能力；加强妇幼保健院、危重孕产妇救治中心和新生儿救治中心建设，提高妇女儿童健康服务水平；加强疾病预防控制中心建设，提高突发公共卫生事件和灾害疫情的应急处理能力；加强卫生计生监督机构建设，提高综合监督监测能力；加强全科医生（助理全科医生）培训基地、住院医师规范化培训基地建设，提高全科医生培养能力；加强医养结合项目建设，探索医养结合新路子；提高老年人健康养老服务水平，丰富老年人的精神世界。

6.3.7　宣传运动健康理念，提倡体医结合、体教结合

发展体育行业与医疗行业的多元化交叉产业，宣传推广"运动治病"的健康养生理念，培养居民健康规律的生活方式；推进体医结合人才队伍建设，培养交叉学科人才，通过人才的创新创造能力使新兴产业焕发活力；结合研究实践基地、广西健身与健康指导中心，开展医务人员培训工作，发展体医结合产业，实行试点基地，探索体医结合发展道路，积累相关经验；鼓励学生加强体育锻炼，将体育教育、基础性身体素质锻炼与创新性体育项目相结合，开展丰富多彩的体育项目（如开展课余训练、体育联谊活动、竞赛活动、运动队伍建设、社团训练等），不仅可以通过体育运动锻炼青少年的身体素质，也达到放松心情、提高教育教学效率的目的；完善全面教育相关制度，将青少年体育素质作为一项重要指标，纳入学生学业水平考试和教育绩效考核的范围；加大投入力度，完善相关专项拨款制度，有针对性地扶持多元化健康产业；建立健康科普专家库，与高校、医院等医疗机构合作，引进专家，成立智库，为研究制定健康知识普及政策、开展科普工作等提供技术支持，做好专家库成员遴选工作和专家库管理维护工作，发挥专家库的作用，实现全民健康。

6.4　优化广西职业教育发展政策

大力发展职业教育和主要劳动年龄人口继续教育，发挥企业在职工培训中的主体作用，完善以就业技能、岗位技能提升和创业为主的培训体系，持续提升企业职工劳动技能和工作效能。提高劳动者健康素质，全面开展职业健康服务，落实职业健康检查制度，加强职业病防治，强化职业劳动安全教育。

6.4.1　提高高等教育毛入学率

一是要按照《中国教育现代化2035》《广西教育现代化2035》的要求，稳

步扩大普通高等学校高考招生计划，确保全日制大学生规模；二是通过考试招生制度改革，构建终身学习体系等手段，扩大成人高校办学规模，确保高等教育在学人数；三是大量吸纳社会资金，发展优质民办高等教育，为更多的人提供接受高等教育的机会。总而言之，通过扩大普通高等学校高考招生计划、考试招生制度改革和发展优质民办高等教育，确保广西壮族自治区到2025年实现高等教育毛入学率不低于45%的重要战略目标。

6.4.2　加大高等教育经费投入力度

"十四五"期间，政府的财政投入仍然是高等学校经费的主要来源，广西壮族自治区政府应根据事权与支出责任的划分，切实承担起高等教育的支出责任。

一方面，加大高等教育基本支出保障力度。广西壮族自治区财政进一步统筹加大高等教育投入力度和对高等学校基本支出的保障力度，探索建立一套基于学科专业办学成本的高等学校生均经费拨款机制，合理提高高等教育生均综合定额拨款标准，支持高等学校根据事业重点和发展需要统筹使用经费，聚焦内涵建设，提高办学质量。另一方面，加大对重点高等学校和特色优势学科的支持力度。各级财政在保障好高等学校基本支出的基础上，通过设立财政专项，突出支持重点，有所为、有所不为，支持区域内若干高水平大学和特色优势学科的建设发展，通过超常规、大力度的财政投入，推动部分优势特色学科和高校弯道超车，实现跨越式发展。

6.4.3　拓宽高等教育筹资渠道，完善教育经费管理制度

调整政府财政拨款方式，依据高等学校为社会所做的贡献、科技项目的价值、办学质量、生均经费等进行综合考量，使之更加多样化，从而提高资金使用效率。拓宽企业投资渠道，通过校企合作办学、合作项目等方式吸引企业资金支持，促进合作共赢。做好教育经费的预算、核算、结余的控制，减少经费浪费；强化教育经费的绩效管理，开展教育投入的全面预算绩效管理工作；完善教育基金会制度，做好筹资规划，提高校友捐款的积极性，做好资金管理和后续项目管理，建立反馈机制；严格执行教育经费管理制度，制定教育经费管理办法，编制教育经费管理手册，汇编相关政策要点，便于经费使用单位遵照

执行,加快经费执行进度;完善经费审批制度,明确权责,加强管理,鼓励全员参与预算,严格按照预算执行,把控好无预算、超预算经费开支。

6.4.4 调整优化高等教育院校设置和专业结构

新办两三所普通高等院校,提高部分高等院校的办学层次,积极争取社会力量办学,吸引国内外著名高等学校到广西设立分校。主动适应市场需求,加快培养区域紧缺人才,加快推进面向广西北部湾经济区、广西重点发展的 14 亿元产业和中国-东盟国际区域合作所需要的紧缺专业建设,在满足培养紧缺专业人才需求的同时,为扩大普通高等学校招生规模奠定基础;打造优势特色学科专业,建设一流学科,提高学科教学质量,增强高校综合竞争能力,为高等教育院校扩大招生规模,吸引本土学生及外来学生就读,鼓励其毕业后留桂就业,提高人才适配性,充分发挥人才带动特色产业发展的作用;完善动态调整机制,利用大数据手段辅助监控,抓住前沿领域、热门领域,了解掌握市场变化信息,了解企业用人需求变动情况,及时调整专业设置,促进专业结构优化;深入推进学科专业内涵建设,站在全局观、战略观的角度,建设学科专业内涵,提高人才培养质量,将学科内涵建设形成长效机制,避免短期化、功利化,为广西产业升级、经济发展培养人才;做好学科评估工作;对优势学科加大投入力度,设立优势学科建设经费、就业专项经费、民族教育发展专项经费等,支持特色学科、优势学科、战略性发展学科的建设;支持民族类院校发展,创新民族特色专业,将民族特色与产业发展相融合,培养优秀民族文化传承人。

6.4.5 加强高水平大学建设

抓住国家建设"双一流"高校的契机,不断加强广西壮族自治区内高校的建设和发展,争取 3 所以上高等学校获得"中西部高等教育振兴计划"高水平、有特色的地方大学建设项目,继续支持自治区级示范性高职院校建设,加大对省部共建高等学校的支持力度,不断改善这些高等学校的办学条件,注重内涵式发展,顺应经济发展新常态,大力调整优化学科、专业结构,提高学校办学核心竞争力,努力建设一批高水平大学。结合广西当下高等院校发展水平,制定科学合理的发展目标和发展规划,并做好政策落实工作,提高执行力，完善绩效考核机制，将学科建设水平与财政生均拨款、专项拨款相联系，发挥一定的激励作用；发展特色学科专业的作用，挖掘特色性、先进性、差异化的内涵，提高高校竞争力；增强高校科研能力，搭建科研创新平台，完善实验实训相关配套设施，将研究成果与产业发展相结合，使高校成为产业技术创新的强大支撑；加大对青年科研人员支持的力度，打破青年科研人员在职称评定等方面的条框制约，使青年学者成为教育教学、科研工作攻坚的先锋，积极创新，充分焕发活力，为建设高水平大学奉献力量。

6.4.6 促进教育公平，均衡人才地区分布

促进教育公平，高校招生加大向落后地区和农村地区倾斜，对少数民族考生给予高考加分等政策倾斜，鼓励其返乡建设；因材施教，根据产业发展、人才类别合理设计学习课程，结合不同专业在产业发展中的实际应用，在课程设计中融入乡村振兴、民族特色产业等相关知识，实行定向引导就业政策，对定向地区就业人才开展有针对性的教育教学活动，使其适应当地建设的需要；加大对教育资源匮乏、人口素质较低地区的帮扶力度，宣传教育政策、教育理念，鼓励寒门学子继续教育，提高高等教育人口比率；对家庭经济困难的学子给予政策帮扶，完善助学贷款机制，探索高校国家助学贷款和生源地信用助学贷款两种模式并举的助学贷款工作机制，实现助学贷款全覆盖，保障财政贴息和风险补偿金等资金及时拨付，充分发挥国家助学贷款中央奖补资金、风险补偿金返还资金的积极作用，建立还款救助制度，完善社会救助机制，多渠道来源帮扶寒门学子完成高等教育，形成教育投资评价体系。

6.5 推进农村精准脱贫与乡村振兴有效衔接

进一步完善城镇困难人口群体的减贫与发展帮扶政策机制，通过制定科学合理的产业政策，实行贫困人口就业导向的策略，完善收入分配制度，建立完善的社会保障体系，加强贫困人口就业培训，做好教育扶贫工作，采用易地搬迁扶贫等方式，以政策为导向，建立就业促进机制，力争经济适度增长，增加就业岗位。

6.5.1 制定科学合理的产业政策，实行贫困人口就业导向的策略

制定科学合理的产业政策，实行就业导向的策略。具体来说，应合理调整产业结构，充分发挥市场的引导作用，积极发展就业容量大的劳动密集型产业和服务业，规范劳动力市场秩序，鼓励劳动者自主创业和自谋职业，促进多种形式就业，强化政府促进就业的公共服务职能，健全就业服务体系，建立就业援助制度，实施再就业扶贫。完善产业链，发展特色种养、农产品加工、休闲观光、农村电商等产业，实现产业之间相互促进，协调发展；创造良好的政策环境和投资条件，引进社会资本，通过建立利益联结机制激发产业活力，提高多元化主体的积极性，共同为产业发展、乡村振兴出力；发展特色产业，建立特色产业供需一体化产业之间的相互联系，吸引外来投资者、外来劳动力；推进低丘缓坡地开发，在自然资源的承受能力内有效开发，促进各地"工业上山、城镇化上山"，完善相关绿化环保配套措施。

6.5.2 完善收入分配制度，构建完善的社会保障体系

完善收入分配制度，缩小收入差距，增加城镇贫困人口的收入。防止贫富的两极分化，让社会成员共享改革和经济发展的成果，促进社会公平。基础设施建设项目，要尽量使用贫困地区的劳动力，增加贫困人口的现金收入；发展县域富民产业，增加就业岗位，农民就地就业，避免劳动人口外流，为贫困地区人口增收。

构建完善的社会保障体系，为贫困人口建档立卡，完善兜底保障政策，扩大城镇贫困人口保障覆盖面，确保贫困人员老有所养；拓宽救助资金筹措渠道，多渠道地治理和遏制贫困，为民间资本进入城镇贫困治理创造条件。

6.5.3 加强贫困人口就业培训，做好教育扶贫工作

加大人力资本投资力度，加强对城镇贫困家庭实行的教育救助，打破城市贫困家庭人力资本的恶性循环。扶贫更要扶智，加强对贫困地区的劳动力技能培训，提高其就业能力，使其自力更生，服务乡村振兴事业。通过结对帮扶、派党员干部下乡帮扶的方式，积极沟通，传播致富之道，加强信息交流；完善奖励机制，鼓励优质的师资队伍定期下乡帮扶，完善乡村教师居住环境及配套

设施，平衡教师资源的地区分布。

6.5.4 实行易地搬迁扶贫，优化人口分布

实行易地搬迁扶贫，对少数居住条件恶劣、自然资源贫乏地区的特困人口，通过易地搬迁、退耕还林还草，优化贫困地区人口结构分布，发挥特困人口劳动力在产业发展中的作用。根据广西产业发展战略，做好前期发展规划，制定鼓励移民搬迁的优惠政策，处理好迁入人口和本地人口的关系，尽快提高迁入人口的收入水平和生活质量；充分考虑搬迁成本和搬迁效益，通过科学方法分析论证方案的可行性，耐心讲解政策以获得民众的理解与支持，确保易地搬迁扶贫顺利进行；从长期经济利益出发，将易地扶贫搬迁与产业链建设相结合，使搬迁人口告别穷山恶水，用劳动力服务于当地产业发展；结合安置区的社会环境，安排好贫困居民安置的后续管理工作、完善相关基础设施建设、提高公共服务水平，使易地扶贫搬迁工作成功落到实处。

6.6　完善和健全广西新型城镇化发展的配套政策

完善和健全广西新型城镇化发展的配套政策，通过完善就业保障政策、社会保障政策和农村土地权属流转制度，建设广西民族特色小镇，建设广西新型城镇化与乡村振兴发展研究的科研院所，建设新型美丽城市，建设兼具区域特色与现代化的新兴城镇，建设宜居、富强、生态的新广西，留住人才，吸引人才，促进产业发展、经济进步。

6.6.1 完善就业保障、社会保障政策和农村土地权属流转制度

进一步完善建设新型城镇化的就业保障和社会保障体系，确保向城镇转移的人口获取适合的就业机会，劳有所获，老有所养。确保流向城镇的人口继续拥有原农村土地使用权、收益权和原住房所有权，守住流向城镇人口最后的生活保障底线，稳定人心。完善农村土地权属流转制度，使农民能够在保留承包权的情况下，将经营权转让给其他农户或其他经济组织，通过土地流转，开展规模化、集约化、现代化的农业经营模式，农村土地权属流转制度的灵活性也

可以有效地促进人口流动，使农村闲置劳动力流向城镇，为建设新型城镇提供人力支撑，使人口在市场经济的作用机制下流动，优化人口结构分布。基于风险管理理念，通过建立保险制度，防范转移人口生活中可能出现的某些特定风险。

6.6.2　因地适宜建设广西民族特色小镇

尊重广西民情、民风和多民族融合现状的特点，探讨营造分别具有壮族、瑶族、苗族、毛南族等浓厚民族气息的生活居住环境。利用国家有关少数民族地区、沿海沿边、革命老区、西部地区等相关优惠政策，构建广西城镇化特色发展路径，全方位、多角度统筹布局广西城镇化格局，构建广西特色城镇体系。大力宣扬民族文化，通过宣传片、网络、新媒体等方式宣传民族特色小镇，使民族风俗潜移默化，深入人心；做好民族教育，使新一代青年劳动人口继续传承民族文化，鼓励少数民族人口就近就业；建设民族特色商业街道，使传统民族文化与现代化商业模式相融合，适应现代人生活方式，使其融入当地居民生活之中，并吸引大量外来人员前来观赏游玩，带动经济发展；保护民族建筑，提取民族建筑文化元素，发展手工艺品制造业。

6.6.3　统筹建设广西新型城镇化与乡村振兴发展研究的科研院所

统筹建设广西新型城镇化与乡村振兴发展研究的科研院所，引进各行各业的专家，为城镇化建设提供智力支撑。研究所的主要目的是系统研究广西新型城镇化发展和乡村振兴的内在联系，协调人口与城镇化和谐发展。做好专项课题前期调研，做好可行性、必要性分析，科学立项，使研究院所的研究内容与广西发展战略布局、当下产业建设热点问题相结合，为广西新型城镇化建设工作提供战略支撑、智力指导；做好研究成果转化工作，实现价值转换，将成果转化比例作为绩效考核指标之一；与高校、企业合作，实现主体多元化、领域多元化，拓展交叉学科、新兴学科、特色学科研究领域，鼓励产、学、研、用融合创新模式；研究新产业发展模式、新兴技术、开发新产品、创新优化产业生产流程，实行技术领先、成本领先战略，如研发新型农作物品种、新型绿色养生农业加工品、节水型灌溉系统、绿色环保技术等。

6.6.4 建设新型美丽城市，完善现代化城市治理体系

建立地下综合管廊试点，建设美丽宜居城市，发展城市旅游业，如南宁"百里秀美邕江"，继续完善相关配套措施，带动沿江房地产、特色产业链条发展，为居民提供旅游、观光、运动、休闲娱乐场所，并总结成功经验，继续推广成功案例；打造美丽宜居城市，挖掘、弘扬城市文化，成为推动城市发展、产业变革的无形资产，有效留住人才，吸引外来人才；推行海绵城市试点工作，打造海绵型建筑与小区、海绵型道路与广场、海绵型公园与绿地，提高水资源利用率，结合河湖水系、公园绿地、市政道路总体布局，保护河流、湖泊等自然水资源，在老城区修复地下管道，增强其雨水渗透、蓄水等功能，做好防涝工作；利用大数据、人工智能手段，建设智慧城市，提高城市现代化水平；推动城市治理体系和治理能力现代化，完善信息化城市管理机制，推进交通网络建设，实现城市交通网状覆盖，有效管理和拉动经济发展，提高城市人口容纳效率和土地利用效率，打造宜居型新型现代化城市。

6.7 出台人口与资源高水平均衡发展的配套政策

出台人口与资源高水平均衡发展的配套政策，遵守可持续发展、绿色发展、新型发展理念，在资源环境承载能力范围内，科学发展产业经济，使人口与资源环境相均衡，主要建议包括培育"新农人"、提升农业产业资源利用效能、加大农村电子商务政策扶持力度、建立和完善"绿水青山经济带"的前期可研机制。

6.7.1 培育"新农人"，提升农业产业资源利用效能

一是深入考察研究国内外种植、养殖业先进经验，充分考虑我国几大农业重点产区的产业分布、发展状况，结合广西实情，统筹布局广西种养产业，减少盲目借鉴、重复发展和恶性竞争，确保相关种养产业经济效益高、发展前景良好，切实提高农民收入和资源利用率。二是深入考察研究国内外农副产品加工先进经验，结合广西区内外相关产业发展状况，科学引入农业产品深加工产

业，延伸产业链，提高农副产品附加值和农民收入。充分应用考察结果，借鉴先进经验，通过实践探索符合广西资源条件、气候条件、产业布局的种养模式；实行省级党政领导班子和领导干部推进乡村振兴战略实绩考核制度，明确权责，落实责任，健全农民种粮收益保障机制，调动种养主体的积极性、做好产销结合工作，确保粮食供应充足；重视粮食安全问题，严格粮食安全责任制考核，提高食品安全方面的研究投入、引导种养市场协调发展；完善相关财政帮扶、技术帮扶制度，地方政府部门、研究机构牵头做好技术指导，面向农民定期组织技术培训会，开展种养主题大会，分享种养经验，做到科学种养，有效提高产量、质量和效率；引进社会资本，实现农业机械化、批量化生产，提高效率，发挥规模效应，通过农村合作社等多元化组织有效实现生产组织化；做好农作物市场需求调查和市场价格调研，科学布局种养品种和种养规模，避免出现市场失灵、谷贱伤农的现象。

6.7.2 加大农村电子商务政策扶持力度

积极发展农村电子商务，通过电子商务带动农副产品和其他商品的快速流通，不断拓宽农产品销售渠道，提高农民的收入水平。财政下达相关专项经费，实行电子商务进农村综合示范项目，为合作社、企业提供免费设计服务、包装服务、销售服务、电商运营指导服务等；推进农村电子商务相关配套设施建设，通过规划建立电子商务公共服务中心、仓储物流配送中心、冷链食品保存地、物流运营网点等服务站点，助力农村电子商务发展；修建公路，完善交通网络，为物流配送提供便利，有效降低农产品配送成本，使其在市场竞争中获得一定的成本领先优势，提高利润；做好电子商务营销推广工作，利用当下的电子商务平台、新媒体平台大力推行农村特色产品、扶贫产品，根据消费者的消费习惯、文化潮流打造产品特色宣传点，通过优惠活动吸引消费者，实行先扩大市场份额、后积累利润的营销战略，通过附赠销售、捆绑销售等营销手段，以有一定市场份额的老产品带动相关多元化新产品的销售，与营销平台、销售大户合作，借鉴相关营销手段；建设乡村品牌，自我包装，通过提高当地居住环境质量、建设旅游业相关产业链等手段，打造绿色食品、有机食品、医养保健食品、地方民俗特产等具有差异化特点、市场竞争优势的农产品及加工品，间接提高广大消费者对当地农产品的购买欲望，带动消费。

6.7.3 建立和完善"绿水青山经济带"的前期可研机制

以"绿水和青山"为经济开发对象，科学、统筹开发相应旅游产业、生态种养产业、康养产业，研究建立相应配套设施，研究出台相关配套政策、机制。设立"绿水青山经济带"研究专项，充分调研，进行科学的资源环境测评、成本测算，制定发展模式及发展战略，考虑不可控因素，降低风险，保障"绿水青山经济带"建设的可控性，降低失败成本，提高成功概率；做好市场环境测评工作，充分考虑外部环境，包括政策环境、社会环境、技术环境和经济环境。其中，政策环境包括国家扶持政策、政府行为和法律法规等，涉及东盟外贸交易、对外直接投资则需要考虑目标国家的政治环境以及贸易保护政策等；经济环境包括社会经济结构、宏观经济政策、经济发展水平、汇率、通货膨胀、政府补助等，涉及人口方面的经济环境因素需考虑就业情况、失业率、工资情况等；社会环境包括人口情况、社会流动性、消费心理、传统文化、价值观、生活方式等；技术环境则包括外部技术进步、新技术、科技体制、科技发展趋势等。在进行前期可研机制调查时，环境因素的方方面面都需要充分考虑，认真评估，组织专家评审论证；集思广益，深入群众，了解消费者的生活习惯、消费观念，挖掘潜在消费需求、市场发展潜力；实行小规模试点，打造文旅品牌、发展绿色产业、特色产业、民族文化产业等，找准着力点，集中资源，有的放矢，总结成功经验，不断完善优化"绿水青山经济带"产业链发展模式，而后将成功经验大规模推广，实现辐射式发展、带动式发展；建立动态监测机制，进行长期性的观察、研究，保持对竞争对手、替代品的持续关注，保持市场敏感性，建立大数据库，持续优化产品和产业结构，提高应变性、市场反应性，积极应对市场变化的新挑战。

6.8 实行劳动密集型与知识密集型相结合的产业政策

实行劳动密集型产业与知识密集型产业同步协调发展的产业政策，以劳动密集为保障、知识密集为突破，实现产业平稳健康发展。通过统筹布局、建立广西人口数据库和人才数据库、加大高端人才引进力度、创新产业链发展模式等方式，发挥人才的创新驱动力的作用，鼓励科技创新，产业升级，促进产业协调发展。

6.8.1 统筹布局劳动密集型与知识密集型相结合的人口与产业发展格局

认真贯彻落实中央赋予广西有关人口、产业、经济等有利政策，促进广西人口素质提高与经济建设均衡发展。一是根据规划，正确引导人口流向，积极提高本地人口素质。在招商引资、引进相关产业时嵌入培养本地人才、带动本土产业诉求，积极引进外地广西籍人才及其他志愿扎根广西发展的人才，大力培育本土产业和本土企业。二是充分发挥后发优势，借鉴国内外人口聚集与产业发展、人口素质提高成功经验，避开弯路，扬长避短。三是重点摸索、积极培养具有国内国际竞争力的龙头企业、示范产业园和广西特色企业。

通过典型构建，成功经验总结，形成广西特色人口聚集、产业、人口素质提高互相促进的成功模式。通过模式复制、推广，科学、高效推进人口聚集与产业建设、人口素质提高平衡发展，逐渐形成规模效应，带动地方经济繁荣发展。

6.8.2 建立广西人口数据库和人才数据库建设制度

对广西常住人口及区内外广西籍大学毕业生、硕士毕业生、博士毕业生、教授、专家、企业家和其他普通人口做好信息跟踪、记录和应用工作。通过乡情、亲情凝聚分散在区外、国外拼搏的各类广西籍人才，共同为广西发展建设献计献策。通过大数据技术手段，完善人力资源共享机制，快速为企业发展调配劳动型、知识型人才，优化产业中劳动与知识型人才的分布比例，使每一份劳动力都能发挥价值最大化功效；培养复合型人才，提高人才在劳动力市场运用中的灵活性、应变性，为产业发展出谋划策；做好人才数据库更新、维护工作，定期出具人才研究报告，分析人才结构，做好人才研究信息公开工作，为高校人才培养规划、考生专业选择提供参考依据，及时培养紧缺型人才，帮助过剩型人才转型进步、向多元化领域发展；调查人才市场需求，通过线上、线下方式与企业合作，了解企业人力资源需求，分析人才数据库适配性，通过人才数据库为产业升级发展提供充足的人才；建立地区人才数据库共享机制，实现广西的人口数据库、人才数据库与外省人口数据库、人才数据库的对接，实现信息和人力资源共享，帮助赴外地求学的学子跨越地理限制返乡就业，合理调配人力资源，避免出现部分地区人才过剩、人才被迫从事不符合知识结构的低端工作。

6.8.3 扩大高端人才项目类型和人才规模

高度重视高端人才引育政策的制定和实施，加大广西高端人才项目建设力度，进一步扩大高端人才项目类型和人才规模，培养储备本土重点领域高精尖人才，形成广西重点发展产业和高科技产业的人才的创新驱动力。外引内育，加大引进人才投入力度，安排安家费、科研启动费等补贴，争取人才补助达到全国平均水平，支持挂职研修，做好选拔评审工作，保证公平、公正、公开，支持在职继续教育，签订人才培养合同，完善基本待遇保障，约定返校返乡服务年限；扩大高端人才招生范围，创新高端人才培养途径，降低进入门槛，严把输出门槛，更新知识结构，成为行业资深专家，将其实践经验融入现有知识体系，助力创新产业发展新模式；实行多元化人才培养机制，结合产业发展需要、时代进步，培养交叉学科高端人才、复合型高端人才，全面提高人才的综合素质；做好高层次人才思想教育工作，发挥党员带头作用，提高其服务社会的使命感、责任感，增强人才对家乡的认同感、归属感，增强民族凝聚力，鼓励其积极、主动为广西产业发展、新城镇化建设贡献力量；发挥人才的价值创造作用，完善人才项目绩效考评机制，将绩效考核结果、科研成果转化比率与人才补助、项目经费挂钩，发挥积极的人才激励作用；探索创新职称评定机制，打破学历、论文、科研成果等条框限制，将对产业发展的贡献、对教育行业、教学创新、人才培养方面的贡献按照一定的重要性比例纳入评审范围，对于学术成果不仅要重数量，更要重质量，提高人才服务专业领域、服务社会产业发展的积极性。

6.8.4 推动人口聚集与劳动人口素质提高均衡发展

探索新型学分制学历、学位和技能认证，成立严格的学历、学位和技能认证评审委员会，评价相应人员学分或证书获得资格，对于部分实践技能强的人才可以实践技能换取一定学分，所获学分充足者可以取得相应证书。同时，在学士、硕士、博士学位之外，研制其他类似学位证书，使其与传统学位形成大致对应关系，作为衡量部分人员在某专业领域受教育程度、水平和胜任能力的依据。使普通劳动者有机会获取与学位相对等的资格认证，并鼓励普通劳动者提升自己在某领域的技能，推动整个社会劳动技能的提升，推动经济发展。

6.8.5 创新产业链发展模式，使劳动密集与知识密集岗位有机融合

通过完善产业链的方式，使劳动密集型产业和知识密集型产业有机联合，协同发展，如产品的研究开发、流程优化、应用拓展属于知识密集型，而产品的初级加工、生产制造环节、物流配送环节则为劳动密集型，产品分销环节、营销推广环节则为偏向于知识密集的第三产业，整条产业链环环相扣，不同岗位匹配不同类型的人力资源，实现物尽其用，实现产业发展与个人价值创造双赢的局面；鼓励企业之间的良性竞争，通过纵向一体化并购、形成战略联盟等方式，改善产业链结构，优化资源配置，发挥龙头企业的带动作用；创新产业当中组成企业的组织机制，根据企业规模，产品生命周期曲线，选择适合企业发展的组织结构，如通过事业部组织结构，协调不同区域、不同产品、不同行业领域的产品生产运营，协调劳动密集与知识密集岗位的分配，而通过扁平化管理，可以有效降低管理成本，提高反应效率，尽量发挥人力资源的效用。

参考文献

[1] 马尔萨斯. 人口原理 [M]. 苏世军, 周宇, 译. 北京: 中国人民大学出版社, 2018: 205.

[2] 曹全喜. 均衡论 [M]. 北京: 华龄出版社, 2007: 10-21.

[3] 麦圭根, 查尔斯, 哈里斯. 管理经济学 [M]. 李国津, 译. 北京: 机械工业出版社, 2013.

[4] 舒辉, 张必风, 朱力. 企业战略管理 [M]. 北京: 人民邮电出版社, 2016.

[5] 郑长军. 宏观经济学 [M]. 武汉: 武汉大学出版社, 2020: 268.

[6] 刘绮莉, 赵晋平, 金子祺. 产业结构转型与经济高质量发展的关联度测算 [J]. 统计与决策, 2021 (23): 86-90.

[7] 袁晖光, 范思凯. 人力资本驱动科技创新的动力机制研究 [J]. 山东社会科学, 2021 (6): 127-132.

[8] 姚斌. 最低生存成本在经济发展初期的阻碍作用: 针对新古典主义经济增长模型在低收入国家中适用性的调整 [J]. 辽宁大学学报 (哲学社会科学版), 2019 (2): 53-66.

[9] 李卫华. 经济增长理论的拨乱反正: 针对新古典经济增长理论 [J]. 科学经济社会, 2011 (4): 34-39.

[10] 李慧泉, 简兆权. 数字经济发展对技术企业的资源配置效应研究 [J]. 科学学研究, 2022: 1-17.

[11] 于世海, 许慧欣, 孔令乾. 数字经济水平对中国制造业资源配置效率的影响研究 [J]. 财贸研究, 2022: 1-22.

[12] 周勇, 张婷琳. 数字经济对中国省域资源配置效率的影响 [J]. 经营与管理, 2022 (2): 152-159.

[13] 马艳华, 魏辅轶. 产业结构调整理论研究综述 [J]. 山西财经大学学报, 2011 (S3): 89-90.

[14] 邓于君, 李美云. 中国消费需求软化促动产业结构软化的实证分析 [J]. 华南师范大学学报 (社会科学版), 2014 (3): 90-95.

[15] 郭鑫. 大数据时代国际贸易理论新发展研究 [J]. 上海商业, 2021 (12): 62-63.

[16] 张小蒂, 李晓钟. 我国外贸产品比较优势的实证分析 [J]. 数量经济技术经济研究, 2001 (12): 104-107.

[17] 卜振兴. 结构性货币政策: 产生、特点及运用 [J]. 现代金融导刊, 2022 (1): 4-7.

[18] 邵翠丽. 我国货币政策区域效应与产业结构升级的动态效应 [J]. 商业研究, 2019 (11): 79-87.

[19] 金春雨, 张龙, 王金明. 我国货币政策对产业结构优化的非线性效应 [J]. 经济问题探索, 2017 (9): 1-11.

[20] 彭俞超, 方意. 结构性货币政策、产业结构升级与经济稳定 [J]. 经济研究, 2016 (7): 29-42.

[21] 刘祖基, 刘希鹏. 货币政策协调与产业结构 "非线性" 优化 [J]. 当代经济科学, 2020 (2): 59-67.

[22] 卢阳. 区域产业结构调整对货币政策传导机制影响的实证研究: 基于面板 VAR 模型 [J]. 经济问题探索, 2016 (10): 10-17.

[23] 彭明生, 范从来. 中国货币政策的民间投资产业结构效应 [J]. 金融论坛, 2018 (8): 3-13.

[24] 覃雨薇. 环境规制与技术创新: 关于 "波特假说" 的文献综述 [J]. 现代商业, 2021 (32): 138-140.

[25] 张桢钰, 吴杰, 别凡. 环境规制、产业结构升级对生态文明的影响: 基于长江经济带的实证 [J]. 统计与决策, 2021 (22): 177-180.

[26] 郑晓舟, 郭晗, 卢山冰. 环境规制、要素区际流动与城市群产业结构调整 [J]. 资源科学, 2021 (8): 1522-1533.

［27］谢云飞，黄和平，徐斌.环境规制对产业结构升级的影响研究：以我国2005—2017年省际面板数据为例［J］.城市与环境研究，2021（3）：56-76.

［28］郑晓舟，卢山冰.环境规制对产业结构转型影响的统计检验：以十大城市群为例［J］.统计与决策，2021（18）：59-63.

［29］孟浩，张美莎.环境污染、技术创新强度与产业结构转型升级［J］.当代经济科学，2021（4）：65-76.

［30］朱于珂，高红贵，肖甜.工业企业绿色技术创新、产业结构优化与经济高质量发展［J］.统计与决策，2021（19）：111-115.

［31］李龙，陈佳鞠.马克思主义人口均衡思想及其中国化［J］.人口研究，2019（3）：102-112.

［32］陆杰华，朱荟.建设人口均衡型社会的现实困境与出路［J］.人口研究，2010（4）：20-27.

［33］陈友华，孙永健.非均衡发展：人口发展理论的批判与建构［J］.学海，2021（4）：47-55.

［34］李晓灿.可持续发展理论概述与其主要流派［J］.环境与发展，2018（6）：221-222.

［35］陆杰华，黄匡时.人口均衡型社会建设：理论思考与政策建议：兼论"人口均衡型社会、环境友好型社会、资源节约型社会"的关系［J］.中国人口，2010.

［36］丁学洲.试论"人口非均衡"状态下的国防人力资源安全［J］.军事经济研究，2012，33（9）：54-55.

［37］聂高辉，晏佳惠.人口老龄化空间非均衡及影响因素分析［J］.重庆社会科学，2019（1）：107-117.

［38］周克昊，谭荣辉.东中部地区城市人口、经济与城市建设用地的非均衡与协调性分析［J］.世界地理研究，2021（1）：90-100.

［39］徐瑾，陈慧琳.人口老龄化对中国经济增长的影响：基于人力资本视角的考量［J］.江汉论坛，2022（2）：32-39.

［40］曹聪灵.人口老龄化对经济高质量发展的影响：基于财政可持续视角［J］.财经理论与实践，2022（1）：114-122.

［41］曹顺仙，刘妍妍.关于"人口素质低"的思考［J］.前沿，2007（9）：191-194.

[42] 原新, 刘旭阳. 促进人口均衡发展的长周期思考 [J]. 学海, 2021 (4): 38-46.

[43] 刘渝妍. 基于排序误差长度的综合评价指标体系检验方法探讨 [J]. 统计与决策, 2018 (6): 5-9.

[44] 冯月. 人口与经济集聚的空间效应: 以成渝地区双城经济圈为例 [J]. 西南民族大学学报 (人文社会科学版), 2022 (2): 127-135.

[45] 肖周燕. 中国人口与经济分布一致性的空间效应研究 [J]. 人口研究, 2013, 37 (5): 42-52.

[46] 曾明星. 中国人口发展中的区域均衡问题及破解思路 [J]. 宁夏社会科学, 2019 (2): 101-108.

[47] 张抗私, 周晓蒙. 就业结构缘何滞后于产业转型: 人力资本视角的微观解释: 基于全国调研数据的实证分析 [J]. 当代经济科学, 2014 (6): 11-19.

[48] 张美琪. 人力资本对煤炭行业转型发展的作用路径研究 [D]. 西安: 西安科技大学, 2020.

[49] 王欣亮, 杜壮壮, 刘飞. 人口老龄化、需求结构变动与产业转型升级 [J]. 华东经济管理, 2020 (7): 61-72.

[50] 袁冬梅, 李恒辉, 龙瑞. 人力资本结构高级化何以推动产业转型升级? [J]. 广西师范大学学报 (哲学社会科学版), 2021: 1-16.

[51] 张志新, 邢怀振, 于荔苑. 城镇化、产业结构升级和城乡收入差距互动关系研究: 基于 PVAR 模型的实证 [J]. 华东经济管理, 2020 (6): 93-102.

[52] 王广州. 中国人口机会窗口与人口红利再认识 [J]. 中国人口科学, 2021 (3): 2-16.

[53] 原新, 金牛, 刘旭阳. 中国人口红利的理论建构、机制重构与未来结构 [J]. 中国人口科学, 2021 (3): 17-27.

[54] 宋强. 从人口红利到改革红利: 推动经济向高质量发展 [J]. 金融与经济, 2019 (8): 93-96.

[55] 国务院发展研究中心课题组. 认识人口基本演变规律促进我国人口长期均衡发展 [J]. 管理世界, 2022 (1): 1-19.

[56] 周健. 第二次人口红利视域下的我国教育红利: 基于日本的比较研究 [J]. 理论与改革, 2021 (6): 116-127.

[57] 张鹏, 施美程. 从人口红利到人口负债: 新发展阶段人口转型问题研究 [J]. 江淮论坛, 2021 (6): 20-27.

[58] 吴滨, 肖尧. 人口红利衰减、产业结构调整对中国工业经济发展影响研究 [J]. 统计与信息论坛, 2021 (6): 14-20.

[59] 薛继亮. 中国西部地区人口红利与产业转型研究 [J]. 财经问题研究, 2013 (2): 39-44.

[60] 高书国, 杨晓明. 东升西降: 全球人力资源竞争力评价 2020 年总报告: 中国即将进入人力资源强国行列 [J]. 现代教育管理, 2022 (2): 17-28.

[61] 刘春阳, 马洪范. 人口红利有条件可持续增长 [J]. 财政研究, 2021 (6): 119-129.

[62] 韦加庆. 人口安全视野下农业女性化问题研究 [J]. 西北人口, 2016 (3): 84-88.

[63] 夏建红, 矫卫红. 产业与就业结构演变路径及耦合效应分析: 以山东省为例 [J]. 经济问题, 2018 (10): 65-71.

[64] 邓宏图, 杨芸. 转型升级、产业选择与劳动力迁移: 基于 55 个城市 2009—2016 年的面板数据分析与政策效应的经济解释 [J]. 河北师范大学学报 (哲学社会科学版), 2020, 43 (5): 94-109.

[65] 夏建红, 矫卫红. 产业与就业结构演变路径及耦合效应分析: 以山东省为例 [J]. 经济问题, 2018 (10): 65-71.

[66] 王军, 常红. 人工智能对劳动力市场影响研究进展 [J]. 经济学动态, 2021 (8): 146-160.

[67] 魏巍. 人工智能就业创新效应补偿了替代效应吗? [J]. 企业经济, 2021 (7): 137-145.

[68] 刘皓琰. 马克思企业竞争理论与数字经济时代的企业竞争 [J]. 马克思主义研究, 2021 (10): 83-92.

[69] 刘召峰, 孙大伟. 历史性自觉与马克思主义人才理论的奠基和发展: 马克思、列宁、毛泽东人才思想述论 [J]. 贵州社会科学, 2015 (11): 10-16.

[70] 胡雪梅. 科学人才观的理论内涵和实践路径 [J]. 领导科学, 2012 (23): 9-13.

［71］李书旺，朱丽君.产业转型新形势下广西林业桉单板加工技术人才培育的研究［J］.经济师，2020（4）：146，148.

［72］马颖，朱红艳.发展经济学人口流动理论的新发展［J］.国外社会科学，2007（3）：11-18.

［73］熊升银，周蓁，刘思岑.人口、资源、环境与经济社会协调发展研究述评与展望［J］.广西社会科学，2020（8）：62-68.

［74］蔡绍洪，谷城，张再杰.时空演化视角下我国西部地区人口—资源—环境—经济协调发展研究［J］.生态经济，2022（2）：168-175.

［75］朱帮助.产业结构调整对绿色发展效率影响的实证研究：以广西为例［J］.广西社会科学，2019（8）：50-56.